Aber wer es glaubt

Befreiungstheologische Überlegungen
zum Glaubensbekenntnis

Dick Boer

Aber wer es glaubt

Befreiungstheologische Überlegungen
zum Glaubensbekenntnis

Dick Boer

Edition ITP-Kompass, Bd. 38
Münster 2023

Bibliographische Information der Deutschen Bibliothek:
Die Deutsche Nationalbibliothek verzeichnet diese
Publikation in der Deutschen Nationalbibliographie;
detaillierte bibliographische Daten sind im Internet
über http://dnb.dnb.de abrufbar.

Aber wer es glaubt
Befreiungstheologische Überlegungen
zum Glaubensbekenntnis
Dick Boer

www.itpol.de

Satz und Layout: David Hellgermann
Umschlaggestaltung: David Hellgermann
Illustrationen: Harm Dane

Druck: Books on Demand GmbH, Norderstedt
ISBN: 978-3-9822052-9-8

Inhalt

Einführung[1]

2009 BAT MICH DIE REDAKTION DER Neuen Wege, der ältesten links-christlichen Zeitschrift der Welt, mitzuarbeiten an einer Reihe ‚Credo und Credit', abwechselnd über Glaube und Wirtschaft. Mir war das Thema Glaube zugeteilt. Ich nutzte meine Beiträge, jeweils ungefähr eine Seite, um die Artikel des Credo befreiungstheologisch zu kommentieren. So schrieb ich fünf Beiträge: über ‚Credo, ich glaube' (Wir bekennen unseren (Un)Glauben), über ‚Gott' (Der Gott, der kein Gott ist), über den ‚Sohn' (Die Treue des Sohnes), über den ‚Heiligen Geist' (Das Seufzen des Geistes) und über die ‚Kirche' (Christus als Gemeinde existierend). Und, weil auch Maria im Glaubensbekenntnis ihren Ort gefunden hat und ich dieses rebellische Mädchen in mein Herz geschlossen habe, schloss ich die Reihe ab mit einer ‚Mariologie'. Mehr Beiträ-

1 Die benutzte Bibelübersetzung ist *Die Bibel in gerechter Sprache.* Kleinere Änderungen habe ich stillschweigend durchgeführt, größere habe ich in Fußnoten verantwortet.

ge waren nicht vorgesehen, aber es fehlten noch die Schlussartikel, in denen es ausdrücklich um uns Menschen geht. Das Glaubensbekenntnis ist ‚inklusiv', wir glauben nicht nur an das, was Gott für uns Menschen getan hat – indem er sein Befreiungswort hat ‚Fleisch' (Mensch) werden lassen und die Menschen mit ihrem Geist-der-befreit inspirierte –, sondern wir glauben auch an uns Menschen selber. Das ist keineswegs Überheblichkeit. Dazu gibt das Tun und Lassen der Menschen auch wenig Anlass – auch wenn es immer die Ausnahmen gegeben hat, die dazu berechtigen, die Hoffnung auf eine menschliche Welt nicht aufzugeben. Jesus war eine solche Ausnahme. Aber wie dem auch sei, wer glaubt[2], dass Gott die (Menschen-)Welt so geliebt hat, dass er seinen einziggeborenen Sohn gegeben hat, damit alle, die an ihn glauben, nicht verloren gehen (Johannes 3,16), kann nicht länger uns Menschen, als zu nichts nütze, verloren geben.

Bedeutet dies, dass, wer nicht glaubt, wohl verloren geht? Wer so fragt, überfragt den Text. Dieses Wort richtet sich an die, die glauben, aber immer wieder an ihrem Glauben

2 „Glauben" hat in unserer einseitig auf Denken versessenen Welt den Klang eines ‚glauben an' theoretische Wahrheiten bekommen. Deshalb ist immer zu bedenken, dass es sich bei dem, was biblisch gesprochen glauben heißt, um ‚vertrauen auf' handelt. Auf eine Theorie kann man nicht vertrauen – sie ist wahr oder unwahr –, aber man kann auf eine Zusage hin vertrauen, auf ein Versprechen, eine Verheißung wie: „Ich bin JHWH, dein Gott, der dich aus der Sklaverei befreit hat." (Exodus 20, 2)

verzweifeln. Wie unwahrscheinlich ist es, dass die Ausnahme, dieser einziggeborene Sohn, die Regel wird?! Als Jesus einem Vater, der mit seinem besessenen Sohn zu ihm kommt und um Hilfe bittet („Wenn du die Macht hast, hilf uns"), sagt: „Was heißt, wenn du die Macht hast? Alles ist möglich für die, die glauben", schreit der Vater auf: „Ich glaube! Hilf meinem Unglauben!" (Markus 9, 23-24) Kein Glaube ohne diesen Unglauben, ohne dieses Nicht-glauben-Können, dass das, was in der Welt krank ist, geheilt werden kann.

Die Kirche aber, insbesondere die protestantische, hat sich zu sehr auf eine pessimistische Sicht des Menschen eingelassen – als freute es sie, dass Menschen verloren gehen – und vergessen, dass die biblische Botschaft zuerst eine Frohe Botschaft ist: Menschheit aus dem Staub ihrer Nichtigkeit befreit (Genesis 2, 7)[3], dazu bestimmt, frei, gleich und solidarisch zu sein – trotz allem, das dagegen spricht. Und diese Botschaft gilt namentlich jenen Menschen, die in unserer Welt als von Gott und allen guten Geistern verlassen leben müssen. Sie, in dieser Welt die Letzten, werden in der kommenden Welt die Ersten sein! (Matthäus 19, 30)

Immer wieder spielte ich mit dem Gedanken, meinen Credo-Kommentar zu Ende zu schreiben. Also beschloss ich, auch die letzten Artikel befreiungstheologisch zu erklären.

3 'Staub', d.h., was ‚vom Winde verweht' wird, also nichts ist.

Befreiungstheologisch. Eigentlich ist das Adjektiv ‚befreiungstheologisch', wenn es um biblische Theologie geht, überflüssig. Denn biblische Theologie ist Befreiungstheologie. Und der Gott der Bibel ist ein Gott-der-befreit. Aber es gibt auch andere Theologien und deshalb ist das Adjektiv ‚befreiungstheologisch' notwendig. Nicht als Bezeichnung einer Theologie, die sich einreiht in die unendliche Pluriformität der Theologien, unter dem Motto: anything goes. ‚Befreiungstheologisch' ist ein polemischer Begriff, richtet sich gegen die anderen Theologien, die behaupten, Befreiungstheologie sei eine unerlaubte Reduktion des Reichtums der biblischen Inhalte. Aber was ist die Exodus-Erzählung als das Zentrum der Großen Erzählung der Bibel anderes als eine (beabsichtigte) Reduktion? Es gibt zweifellos andere Große Erzählungen, die viel reicher sind als die biblische. Die Bibel sucht den Reichtum ausschließlich in der Befreiung der Armen: „Selig [oder: glücklich] seid ihr Armen, denn die Herrschaft Gottes ist auf eurer Seite!"[4] (Lukas 6, 20) Diese ‚Seligsprechung' ist oft missverstanden worden, als würden die Armen auf ein Jenseits vertröstet, wo sie endlich das Glück erfahren werden, das ihnen im Leben im Diesseits vorenthalten war. Gegen ‚das alte Entsagungslied, das Eiapopeia vom Himmel", hat Heinrich Heine zu Recht gedichtet:

---

4 'Selig' klingt ein wenig altmodisch. Aber im Niederländischen sagt man immer noch, wenn etwas sehr gut schmeckt: zalig! Die andere mögliche Übersetzung des griechischen makarios ist: glücklich.

Ein neues Lied, ein besseres Lied,
O Freunde, will ich euch dichten!
Wir wollen hier auf Erden schon
Das Himmelreich errichten
[...]
Wir wollen auf Erden glücklich sein
Und wollen nicht mehr darben
[...]
Es wächst hienieden Brot genug
Für alle Menschenkinder,
Auch Rosen und Myrten, Schönheit und Lust,
Und Zuckererbsen nicht minder.

Das Reich Gottes ist aber eine irdische Angelegenheit, weshalb wir auch beten: „Dein Reich komme [...], wie im Himmel, so auf Erden." (Matthäus 6, 10-11) Den Armen wird Zukunft zugesagt und dieser Zusage dürfen sie glauben.

Es stimmt, in der Bibel wird alles zurückgeführt auf die Befreiung (den Exodus) aus der Sklaverei, aber die Perspektive dieser Befreiung ist mindestens so vielversprechend wie das Neue Lied von Heine. Sie reicht so weit, bis zu „alle Tränen von ihren [der Armen] Augen abgewischt; kein Tod mehr; auch Trauer, Wehgeschrei und Schinderei vorbei" (Offenbarung 21, 4). Aber auch an Zuckererbsen wird es nicht mangeln!

Wer das glaubt (Hilf unserem Unglauben!), wird selig – auf Erden!

Zum Schluss der Einführung noch eine Frage: warum soll uns ein so alter Text wie das Credo noch beschäftigen? Können wir ihn im Gottesdienst mitsprechen und ihn anders als veraltet hören? Alle seine Worte sind uns vielleicht noch vertraut, vielleicht auch nicht, aber so oder so klingen sie fremdartig, nicht geeignet, um uns zu inspirieren. Könnten die befreiungstheologischen Überlegungen in diesem Büchlein nicht genauso gut ohne das Credo auskommen? In Vergessenheit ist geraten, dass das Credo ein durch und durch polemischer Text ist, womit die Kirche sich von der herrschenden Ordnung unterschied und sich zu ihrer ‚Fremdheit' bekannte. Wenn das Credo von der Allmacht Gottes (des biblischen Gottes!) spricht, ist das gegen die angebliche Allmacht der Götter gesagt. Und, dass ein Gekreuzigter (ein Erhängter) im Zentrum des Credos steht, ist wohl die radikalst denkbare Absage an alles, was in der Welt an einem Menschen verehrungswürdig ist. Der heilige Geist schließlich ist das Gegenteil dessen, was man im Allgemeinen unter Geist versteht: er schwebt nicht in den Höhen des abstrakten Denkens, sondern bewegt sich tief unten, unter den Verdammten dieser Erde. Deshalb können die befreiungstheologischen Überlegungen nicht am Credo vorbei gelesen werden. Sie sind in seinem Geiste gedacht.

Wir bekennen unseren (Un)Glauben

CREDO, ICH GLAUBE.

In unserer Ich-besessenen Gesellschaft ist es leider notwendig, darauf hinzuweisen, dass das Ich, das im Credo ihren/seinen Glauben bekennt, das tut inmitten der Gemeinde (vorzugsweise bei der Taufe) und damit Mitglied dieser Gemeinde wird. Es ist ein soziales Ich, während das neoliberal sozialisierte Ich ausgesprochen asozial ist.

Und dann folgt, wem geglaubt wird: dem befreienden Gott, dem mit ihm solidarischen Sohn und dem von beiden ausgehenden Geist, der dazu inspiriert, gegen eine verkehrte Welt zu protestieren.

Das offizielle Credo (das sog. apostolische Glaubensbekenntnis) formuliert es anders, ohne die Worte ‚Befreier',

‚solidarisch' und ‚protestieren'. Es besagt aber dasselbe. Denn die trinitarische Struktur, die Dreieinheit von Vater-Sohn-Geist, hindert uns daran, an einen abstrakten Gott zu glauben, der einfach tut, was er will, und dem wir uns einfach ohne Widerrede zu unterwerfen haben.

Was geglaubt wird, ist im Credo vorausgesetzt: „Am Anfang war das Wort" (Johannes 1, 1)[5]. Glauben ist Antwort. Wir können auch sagen: das Credo zitiert, was in der Bibel geschrieben steht.

Auch Johannes 1, 1 ist Zitat. Es zitiert Genesis 1, 1: „Am Anfang..." Und das Wort, das da erklingt, ist: „Gott sprach: Licht werde, und Licht wurde." (Genesis 1, 3) Jedes Wort hier ist wichtig:
„Gott sprach", d.h. dieser Gott spricht, unterscheidet sich darin von den anderen Göttern. Denn diese Götter schweigen. „Sie haben einen Mund, reden aber nicht." (Psalm 115, 5) Dieser Gott spricht und ist deshalb ansprechbar, kann auf das, was er gesagt hat, angesprochen werden.

---

5 Hier übersetzt *Die Bibel in gerechter Sprache* das griechische logos (hebräisch dabar) statt mit ‚Wort' mit ‚Weisheit' (griechisch: sophia, hebräisch: chokma), nur, damit das grammatisch ‚sachliche' um des genderns Willen durch ein Femininum ersetzt werden kann. Weil die Weisheit aber neben dem Wort ihre eigene Rolle spielt, führt logos hier mit ‚Weisheit' zu übersetzen die Leserin die Irre.

„Licht werde", d.h., das Wort dieses Gottes lautet nicht: Finsternis, ist nicht dunkel und unverständlich – wie das Orakel von Delphi, das in Rätseln sprach –, sondern klärt auf. Sichtbar wird eine Welt, die bewohnbar ist und ein Ziel hat: ein Reich der Freiheit, der Gleichheit und der Geschwisterlichkeit.

„Und es wurde", d.h. dieses Wort hängt nicht in der Luft, wie ein Wolkenkuckucksheim, sondern es „geschieht wie im Himmel, so auf Erden", „wird Fleisch" (Johannes 1, 14).[6]

Glauben ist Antwort geben, auf ein Wort, das so noch nicht gehört worden ist. Ist es nicht unerhört: ein Gott, der sich auf der Seite jener Menschen stellt, die in ihrem Leben nichts zu lachen haben, gerade mit ihnen zu tun haben will: »Ich euer Gott, der euch aus der Sklaverei befreit"? (Exodus 20, 2) Dieses Unerhörte gehört zu haben, ist, was den Glauben ausmacht: „Glaube erwächst aus dem Hören." (Römer 10, 17)

Das jüdische Credo, das Schema Israel (Höre Israel), fängt deshalb auch mit ‚Hören' an: „Höre, Israel, JHWH ist unser Gott, JHWH einzig und allein." (Deuteronomium 6, 4) So soll Israel sich immer an das Woher seines Glaubens erinnern:

---

6 In Johannes 1, 14 bezieht sich das 'Fleisch' auf den Menschen. Im Menschen Jesus ist das Licht („Er war das Licht" [Johannes 1, 9]) ‚Fleisch' geworden, die Menschlichkeit „als Bild Gottes" (Genesis 1, 26) in dieser Welt angekommen. Die BigS meint offenbar, dass ‚Fleisch' nicht mehr verstanden wird, und übersetzt das griechische sarx mit ‚Materie'. Ein eher naturwissenschaftlicher Begriff, der in einer Erzählung nichts zu suchen hat.

Das Hören, das dem Glauben vorangeht. Wenn den Juden der Glaube abhandenkommt, wie so oft in ihrer Geschichte, dann bleibt ihnen als Letztes einander zu sagen: Höre, Israel! Erst, wenn das nicht mehr gesagt, geschrien, geflüstert wird, ist es mit Glauben getan, ist das Wort „Ich, JHWH, bin euer Gott" ins Nichts gesprochen. Aber noch in Auschwitz ist es gesprochen worden.[7]

Doch lässt sich die Frage nicht vermeiden, ob das, was geglaubt wird, nicht eine Projektion ist, entstanden aus dem Bedürfnis, dem Leben einen Sinn zu geben. Und das nicht nur, weil dies in unserer Zeit eine weit verbreitete und populäre Theorie ist, mit der man sich von der ‚Religion' lossagt. Diese Frage stellt sich auch und vor allem als Glaubensfrage, als Anfechtung: ist die Erzählung von einem Gott-der-befreit nicht eine phantastische Kreation von Menschen, die sich nicht damit abfinden konnten, dass die Welt für sie ein Jammertal war und immer bleiben sollte? War es nicht so: Menschen lehnen sich auf, schreien: das kann nicht wahr sein, dass die Welt immer so bleibt, wie sie ist. Es muss einen Ausweg geben? Und, wenn es sein muss – und es muss sein! – erfinden sie sich eine Geschichte, die erzählt, wie mitten in

---

7 Es ist jedenfalls berichtet worden, dass Juden mit dem ‚Schema Israel' auf den Lippen in die Gaskammern gingen. Es darf aber nicht verschwiegen werden, dass andere Juden das nicht über die Lippen bekommen haben. Das Segnen und Fluchen des NAMENS (JHWH) liegen in Auschwitz dicht beieinander.

der Ausweglosigkeit ein (in der Tat phantastischer) Gott den Ausweg schafft, einen Exodus organisiert, ein Volk von Sklaven aus der Sklaverei befreit.

Mit einem Schrei fängt die Exodusgeschichte auch an: „Die Kinder Israels seufzten aus der Knechtschaft, sie schrien auf". Und ihr „Hilferuf stieg zu Gott empor aus der Knechtschaft". (Exodus 2, 23) Das passt alles noch im Rahmen einer Projektionstheorie: wo auf Erden der Schrei dieser Verworfenen der Erde kein Gehör findet, suchen sie sich ein Oben, von woher Hilfe kommen soll.

Aber dann geschieht etwas, das in der Projektionstheorie nicht vorgesehen ist: „Gott hörte ihr Seufzen." (Exodus 2, 24) Denn nicht vorgesehen war, dass es tatsächlich einen Gott gibt, der diesem Seufzen entgegenkommt, der nicht taub (und stumm!) ist, sondern Ohren (und ein Mund!) hat, die den Schrei der Verworfenen der Erde hören. Am Anfang war das Wort, ja. Und der Glaube ist Antwort, ja. Aber ebenso gilt: am Anfang war der Schrei. Und das Wort war Antwort:

> Ich [JHWH] habe gehört, wie sie vor ihren Peinigern aufschrien. Deshalb bin ich heruntergekommen. Ich will sie aus der Gewalt Ägyptens retten. (Exodus 3, 7-8)

Und der Glaube glaubt, dass das so ist, keine Projektion, sondern eine Tat-Sache[8], auf die man bauen kann. Wie erbaulich!

Dann gibt es immer noch die Möglichkeit, dass der Glaube uns abhandenkommt, die Anfechtung, es sei alles doch nur eine Projektion eigener Bedürfnisse gewesen. Aber sie ist nicht mehr gott-los. Denn stehen bleibt: Gott hat gehört, Gott hat gesprochen, Gott hat befreit. Gott kann sich deshalb nicht ins Nichts aufgelöst haben. Hört er nicht, dann können wir immer noch schreien: warum schweigst du, sprichst du nicht, befreist du nicht?

> So hat Israel immer wieder geschrien: ‚Warum?' (im Psalter 15 x): „Warum verbirgst du dein Antlitz, vergisst unser Elend und unsere Unterdrückung?" (Psalm 44, 25) Es konnte diesem ‚Warum' aber auch trotzig entgegenstellen: „Warum sollen die Völker sagen: Wo ist denn ihr Gott? Unser Gott ist im Himmel!" (Ps. 115, 2) Denn, wo die Verzweiflung wächst, ist oft das Glaubensbekenntnis nicht fern: Ich glaube, hilf meinem Unglauben. Und das Gebet: Dein Wille geschehe wie im Himmel so auf Erden.

Credo, ich glaube. Und das heißt: ich glaube auch vieles nicht mehr. Ich glaube nicht mehr, dass die Kreditkrise das un-

---

8 Das hebräische dabar bedeutet nicht nur ‚Wort', sondern auch ‚Tat': Der Gott der Bibel sagt, was er tut, und tut, was er sagt, wie mein Lehrer Frans Breukelman zu sagen pflegte.

vermeidliche Risiko einer alternativlosen Ökonomie ist. Ich glaube auch nicht mehr, dass es nach einer Wirtschaftskrise unvermeidlich wieder aufwärts geht und dann ebenso unvermeidlich wieder abwärts. Ich lasse mich nicht mehr mit diesem ewigen Auf und Ab des Kapitalismus vertrösten. Ich glaube überhaupt nicht mehr, dass Krisen zum Leben des Menschen nun mal – immer das fatalistische ,nun mal – dazu gehören. Es gibt sie ja: die Klimakrise, die Flüchtlingskrise, so wie es Armut, Hunger und Kriege gibt. Aber ich glaube nicht, dass sie das Ende aller historischen Weisheit sind, dass man dagegen (nun mal) nichts machen kann. Das kann nicht wahr sein, so wahr Gott sein Wort gegeben hat, die Welt nicht verloren zu geben.

Insbesondere uns Christen sei gesagt: Die Frohbotschaft des Exodus wird frivol, ohne den Schrei der bedrängten Kreatur zu bedenken. Das Credo wird triumphalistisch, wenn in der messianischen Begeisterung nicht bedacht wird, dass der Auferstandene auch der Gekreuzigte ist, der vom römischen Imperialismus als aufsässiger Sklave Hingerichtete. Nur zu sagen, was wir glauben, genügt nicht. Wir trösten uns dann mit Luftschlössern, erfreuen uns einer imaginären heilen Welt. Im Credo muss das ,Nein' hörbar sein, die konkrete Negation. Auch, wenn wir nicht sagen können, wie die Lösung aussieht, ist es uns immer noch geboten unangenehm aufzufallen, indem wir den Geist, der stets verneint, nicht unterdrücken. Einfach positiv zu denken, ist den Glaubenden nicht gegeben.

Man schreibt es auf und denkt dabei: Gut gebrüllt, Löwe! Was sind es mehr als große Worte? Gäbe es für sie keine Adresse, wären sie in den Wind gesprochen. Alles hängt ab von diesem ‚So wahr Gott sein Wort gegeben hat'. Es geht hier aber nicht um ein unbewegliches, feststehendes Dogma. Der Gott der Bibel will angerufen werden, will, dass sein Volk ihn an dieses ‚So wahr Gott sein Wort gegeben hat … ' erinnert. Er ist nicht der Gott aus der griechischen Philosophie, der ´unbewegte Beweger'. Er hat sich bewegen lassen, als die Verworfenen der Erde schrien: „Woher kommt meine Hilfe?" (Psalm 121, 1) Deshalb dürfen wir hoffen, dass er sich wieder bewegen lässt, wenn geschrien wird: ‚Woher kommt uns Hilfe?'. Er hat einmal sein Wort gegeben: ‚Ich bin euer Gott, der Gott, der sich mit euch verbunden hat.' Seitdem ist er der Gott des Bundes mit seinem Volk. Das heißt aber auch: Sein Volk ist das Volk des Bundes. Der Satz „Alles hängt ab von diesem ‚So wahr Gott sein Wort gegeben hat'", muss insofern relativiert werden, als dass in diesem Satz sein Volk als Bundesgenosse mitgemeint ist. Auch von ihm hängt jetzt ab, ob der Bund bestehen bleibt. Ruft es seinen Gott nicht mehr an, dann wird Gott - schweigen.

Es gibt einen jüdischen Midrasch (eine rabbinische Auslegung einer Bibelstelle), der dies sehr treffend zum Ausdruck bringt. Er kommentiert Jesaja 43, 12 („Ihr seid meine Zeugen, spricht JHWH, und ich bin Gott"): ‚Das heißt,

> wenn ihr meine Zeugen seid, dann bin ich Gott, und wenn ihr nicht meine Zeugen seid, dann bin ich sozusagen nicht Gott.‘ Das ‚Sozusagen‘ hält aber gerade noch die Möglichkeit offen, dass Gott, auch wenn das Volk nicht mehr sein Zeuge ist, es trotzdem nicht lassen kann zu sprechen.

Credo: wir bekennen unseren Glauben – und Unglauben. Weil wir es nicht lassen können zu glauben, dass es jemanden gibt, der unserem Glauben entgegenkommt: Dein Reich komme!

Der Gott, der kein Gott ist

Es ist mit dem Wort ‚Gott' viel Schindluder getrieben worden. Für was hat es nicht alles herhalten müssen?! In Gottes Namen sind Kriege geführt worden, fast immer für die jeweils eigene Nation, meistens sinnlos. Es diente dazu, den so genannten Untertanen Gehorsam abzuverlangen: ‚Sei Untertan der Obrigkeit, Gott will es!' Gott war Bürge einer repressiven Sexualmoral, als stünde Lebenslust unter Verbot. Er legitimierte Rassismus. Er war der christliche ‚Gott', der etwas gegen die Juden hatte. Er war nicht nur nach der Grammatik Inbegriff einer toxischen Männlichkeit (Wenn Gott männlich ist, ist der Mann Gott). Er war selbstverständlich Antikommunist, hieß es aber gut, mit Faschisten zu paktieren. Er wurde für das Schicksal gehalten, dem man sich zu fügen hatte. Kurzum, er war alles Mögliche, nur nicht der Gott, der sich in der Bibel als Gott-mit-uns – mit seinem Sklavenvolk zuerst – offenbart hat.

Ja, wer oder was ist Gott?

Dazu ist zuerst zu bedenken: Gott ist kein Eigenname, Gott ist ein Gattungsbegriff. Gemeint ist die Spezies der ‚höchsten Wesen', deren Funktion es ist, irdische Herrschaft widerzuspiegeln und diese als ‚gottgewollt' über jeden kritischen Zweifel zu erheben. Oder tiefsinniger: ‚Gott' bzw. ‚das Göttliche' bezeichnet das Unaussprechliche, Abgründige. Bei „Gott ist kein Ding unmöglich" (Lukas 1, 37), kann auch gelesen werden als: bei ihm ist alles möglich, er steht für unauflösbare Ambivalenz. Das erlösende Wort wird nie gesprochen werden. Auch dieses ‚Gottesbild' könnte den Herren der Welt gefallen. In einer Welt, in der alles möglich ist, sind Herren ja gefragt. Denn, wenn alles möglich ist, ist auch das Chaos möglich (einer Klimakrise, z.B). Dann erklingt schon bald der Ruf nach einem starken Mann (natürlich einem Mann), der das Chaos abwenden soll. Wobei bequemlichkeitshalber vergessen wird, dass die Herren selber das Chaos mitverursacht haben.

Der Gott der Bibel aber passt nicht ins Format dieser Gattung; er sprengt das Format.[9] Denn er (mit seinem Eigenname JHWH benannt, damit er unverwechselbar wird) greift in

9 Er – das klingt sehr männlich. Man darf natürlich auch schreiben: Sie, solange man bedenkt: der Gott der Bibel ist weder männlich noch weiblich. (Deuteronomium 4, 16) Was aber absolut nicht geht, ist zu schreiben: es. Denn der Gott der Bibel ist kein Gegenstand, kein Objekt und die ihm oder ihr entsprechende Sprache kann nie eine objektivierende sein.

die Welt der Götter ein, um innerhalb dieser Gattung alles auf den Kopf zu stellen. Und damit wir nicht in Versuchung geraten, aus ihm doch wieder einen ‚normalen' Gott zu machen und Schindluder mit ihm zu treiben, ist es verboten, seinen Namen auszusprechen und seiner so Herr zu werden. Er darf nur angedeutet werden: wo im Text JHWH steht, wird in der Synagoge adonaj[10] gelesen. Eine andere im Judentum geläufige Andeutung ist ha-schem, der NAME. Diesem Brauch folgen wir: wir schreiben NAME und meinen den unaussprechlichen JHWH.

Unaussprechlich, weil er für sich selber sprechen soll: Ich werde da sein, so wie ich da sein werde (in diesem Wortspiel mit den Buchstaben J-H-W-H, die sich als ‚da sein' lesen lassen, erklärt der NAME sich selbst). Und er ist zuallererst ‚da' als der ‚Ich', der sagt: Ich bin JHWH, dein Gott, der dich aus der Sklaverei befreit hat. (Exodus 20, 2) Alles andere, was der NAME sagt und tut, folgt daraus. Er ist zwar frei so ‚da' zu sein, so wie er da sein will. Und seine Art ‚da' zu sein ist gut für Überraschungen, z.B. wenn er einen persischen König, einen ganz normalen Despoten, von dem man wirklich nicht erwarten kann, dass er einem Sklavenvolk Gutes tut, dazu bewegt dieses Volk aus seinem Exil zurückkehren zu lassen:

---

10 adonaj hängt mit einem Wort für ‚Herr' zusammen, wird aber nur in Verbindung mit JHWH verwendet. Aus diesem adonaj eine Sanktionierung von Herrschaft im Allgemeinen abzuleiten, wie so oft geschehen, könnte den Herren der Welt gefallen, ist aber völlig daneben.

> Es war im ersten Jahr des Königs Kyrus von Persien […] Und JHWH weckte die Geistkraft des Kyrus, des Königs von Persien und es ging ein Ruf durch sein ganzes Reich […]: Alle Königreiche der Erde hat JHWH, der Gott des Himmels, mir gegeben. […] Wer immer unter euch aus seinem ganzen Volk ist: mit euch ist JHWH, euer Gott! Ihr sollt hinaufziehen! (2 Chronik 36, 22-23)

Aber diese Freiheit reicht nicht so weit, als dass er nicht mehr für sein Volk ‚da' ist. Indem er sich – freiwillig! – mit diesem Volk verbunden hat, hat er seine Freiheit, man kann es nicht anders sagen, heilsam ‚eingeschränkt'. Er hat seinem Volk und denen, die mit diesem Volk gehen wollen, sein Wort gegeben: Ich bin JHWH, euer Gott.

Im Vergleich mit den Göttern ist er der ‚ganz andere Gott'. Die babylonischen Götter zum Beispiel, in deren Welt der NAME eingreift, verkünden den Menschen: ‚Als die Götter den Menschen schufen, haben sie für den Menschen den Tod bestimmt, das Leben [den Baum des Lebens] hielten sie fest in der Hand.' (Gilgamesch-Epos) Der NAME dagegen schenkt den Menschen einen Garten, in welchem alle Bäume, auch der Baum des Lebens, allen zur Verfügung stehen (Genesis 2, 9) – bei diesem Gott haben alle alles gemeinsam, so soll es in seinem Geiste auch in der messianischen Gemeinde sein. (Apostelgeschichte 2, 44; 4, 32)

Die ‚Göttlichkeit' des NAMENS ist nur mit sich selbst zu vergleichen. Das ist auch der Sinn des ‚Bilderverbotes': der NAME lässt sich in keinem Bild fangen, sich mit keinem Begriff in den Griff kriegen, sich in keiner Gattung wirklich einordnen. Er ist nach dem, was im Allgemeinen unter Gott verstanden wird, entschieden kein Gott. Aber dann gilt auch umgekehrt: In der Welt der Götter tritt er als militanter Atheist auf: Ist er ‚Gott', dann ist alles, was sich für Gott ausgibt, Nicht-Gott: Weder Zeus noch Wotan, weder ‚die' Ökonomie noch ‚der' Mensch – das Menschenbild, das man so gerne anderen (Unmenschen!) vorhält, um die eigene Überlegenheit über jeden kritischen Zweifel zu erheben. Der NAME muss von allem, was man unter einem Gott versteht, radikal getrennt werden. Nichts, wirklich absolut nichts darf wie ein Gott verehrt werden:

> Achtet sorgfältig auf euch selbst! Schließlich habt ihr an dem Tag, als JHWH, Gott für euch, am Horeb aus der Mitte des Feuers redete, keine Gestalt gesehen! Richtet euch nicht selbst zugrunde, indem ihr euch irgendein Idol in Gestalt eines Götzenbildes baut, sei es in männlicher oder weiblicher Gestalt, oder mit dem Aussehen eines Rindes auf dem Acker, oder eines gefiederten Vogels, der am Himmel fliegt, oder mit dem Aussehen irgendeines am Boden kriechenden Tieres oder irgendeines Fisches, der im Wasser unter der Erde ist. Erhebe deinen Blick nicht gen Himmel, damit

du nicht die Sonne, den Mond und die Sterne und das gesamte Himmelsheer ansiehst, auf Abwege gerätst, sie anbetest und ihnen dienst. (Deuteronomium 4, 15-19)

Der NAME allein ist Gott. Das ist kein philosophischer Monotheismus. Der denkt Gott als allesbeherrschendes Prinzip, als ‚höchstes Sein', ein rein geistiges Wesen, nicht behaftet mit so irdischen Dingen wie Vergänglichkeit oder Körperlichkeit, bedürfnislos. Die Götter auf dem Olymp, die die griechischen Philosophen für zu primitiv hielten, um sie noch ernst zu nehmen, aßen und tranken noch, der philosophische Gott ist darüber weit erhaben.[11]

Dieser angeblich rein geistige Gottesbegriff ist nicht harmlos. Er ist durchaus politisch. Denn was ist das ‚allesbeherrschende Prinzip' anders als das Prinzip einer herrschaftlichen Ideologie, mit der die real existierende Herrschaft sich durchsetzt – mit dem dazu gehörigen Wertesystem: Geist herrscht über Materie, Kopfarbeit über Handarbeit, hoch über niedrig?

Typisch für den philosophischen Gott ist weiter: er ist ein Gott ohne Leidenschaften. Auch darin unterscheidet er sich von olympischen Göttern, die ja durchaus leidenschaftlich sein konnten: hassen und lieben, favorisieren und degra-

11 „Der Klassenkampf, der einem Historiker, der an Marx geschult ist, immer vor Augen steht, ist ein Kampf um die rohen und materiellen Dinge, ohne die es keine feinen und spirituellen gibt." (Walter Benjamin) Also: Erst kommt das Fressen, dann die Philosophie.

dieren – wenn auch diese Leidenschaftlichkeit sich in ihrer Welt auf die Konkurrenz anderer Götter und, soweit sie Menschen betraf, auf ihre Frauengeschichten und ihre Helden beschränkte. Der NAME steht diesen primitiven Göttern näher als dem Gott der Philosophen.[12] Auch er ist ein Gott mit Leidenschaften. Leidenschaftlich liebt er sein Volk, ja, er leidet, wenn es seinem Volk schlecht geht:

> Der von der griechischen Philosophie kontaminierten christlichen Theologie ist es schwer gefallen, sich vorzustellen, Gott könnte leiden. Sie hat das Leiden für den Sohn reserviert. Für das Judentum war sein Gott durchaus leidensfähig. Er war ja der Gott des Bundes und zu einer wirklichen Verbundenheit gehört es, das Leiden seines Volkes wirklich zu teilen. So liest der Talmud Jesaja 63, 9 nicht wie oft (z.B. in der Lutherbibel 2017) übersetzt wird als: „Darum ward er ihr Heiland in aller ihrer Not. Nicht ein Engel, nicht ein Bote, sondern sein Angesicht half ihnen.", sondern als: ‚In all ihrer Drangsal war auch er [Gott] in Bedrängnis und der Bote seines Antlitzes hat sie befreit.'[13]

12 Aber aus der biblischen Erzählung wurde eine kirchliche Theologie und aus der ‚primitiven' biblischen Gottheit ein Gott, der dem Gott der Philosophen zum Verwechseln ähnlich sah.

13 Dass aber die Frage, welche Übersetzung gewählt werden soll, sich nicht einfach an Hand der Differenz zwischen Judentum und Christentum beantworten lässt, zeigt sich daran, dass der Jude Martin Buber dem Talmud nicht folgt, aber die Übersetzung, die in der niederländischen reformierten Kirche

> Beide Übersetzungen sind möglich, aber welche Übersetzung gewählt wird, ist eine Frage des Gottesverständnisses. Der Talmud hat Gott in Bedrängnis gesehen und es war ihm trostreich.

Leidenschaftlich wird er auch, wenn sein Volk ihm untreu wird:

> Denn ich, JHWH, dein Gott, hänge leidenschaftlich an dir. Ich gehe der Schuld der Vorfahren an ihren Kindern nach und noch an ihren Kindern und Enkelkindern, wenn die mich ablehnen. (Exodus 20, 5)

Wenn auch das nicht das letzte Wort ist:

> Aber ich erweise mich den Tausenden gegenüber, die mich lieben und meine Gebote einhalten, als gnädig und treu. (Exodus 20, 6)

Der NAME stellt auch keine philosophische Frage: Warum ist überhaupt etwas und nicht vielmehr nichts? Was ist die Ursache von allem, was existiert? Und Aristoteles fand es logisch zu denken: die Ursache von allem, was ist, kann selber

---

die allgemein akzeptierte wurde, sehr wohl Gott in ‚benauwdheid'/Bedrängnis sieht.

nicht verursacht sein; sie bewegt ohne selber bewegt zu werden. Gott ist der unbewegte Beweger. Damit stand gleich fest: dieser Gott kann nicht der Gott der Bibel sein. Dieser wird durchaus bewegt. Er lässt sich bewegen vom Schrei eines Sklavenvolkes. Er schließt sich nicht ein im Himmel der erhabenen Gedanken – die immer die Gedanken der Erhabenen sind. Er verlässt diesen Himmel, um auf der Erde das Sklavenvolk aus seinem Elend zu erlösen.

Der NAME stellt die Machtfrage: Wer ist Gott? Das Verhältnis zu den Göttern, sowohl zu den ‚primitiven' Göttern als auch zu dem philosophischen Gott, ist polemisch, zwischen dem NAMEN und diesen Göttern herrscht Krieg. Und am Ende kann nur eine Gesellschaft ohne Herrschaft stehen.

Aber werden hier nicht die Götter besiegt, damit ein Herrscher umso uneingeschränkter herrschen kann? Erleben wir nicht das alte, hässliche Spiel: aus dem Befreier wird letztendlich ein Diktator? Hat die Kirche so unrecht gehabt, als sie aus dem NAMEN einen Herr-Gott gemacht hat, dem Eigenschaften zugelegt werden, die Herrschaft eher verfestigen als aufheben: allmächtig, allwissend, allgegenwärtig? Das klingt mehr nach dem Idealbild eines absoluten Herrschers, als dass es auf eine Welt zielt, in der keiner mehr über andere herrscht. Hat man in seinem Namen nicht die, die gerade das nicht glauben wollten, Mores gelehrt – nicht zuletzt die Juden, mit der Begründung, sie hätten seinen Sohn verworfen?

Es gilt noch einmal, das ‚ganz andere' des NAMENS zu bedenken. Den Göttern geht es um sich selbst: Ihre Herrschsucht kennt kein Ende.[14] In ihren heiligen Hallen stehen ihre Statuen und verlangen Unterwerfung. Dem NAMEN geht es nicht um sich selbst, sondern nur darum, dass es seinem Volk gut geht. Im Haus des NAMENS findet sich nur die Tora, das Grundgesetz einer Gesellschaft ohne Herrschaft. Sich diesem Gesetz zu unterwerfen heißt, sich der Disziplin der Freiheit zu fügen, ohne welche auch eine herrschaftsfreie Gesellschaft nicht verwirklicht werden kann. Ja, dem NAMEN ist es so wenig um sich selbst zu tun, dass er, als der Krieg gegen alles, was der Befreiung seiner Menschen im Wege stand, zu Ende ist, darauf verzichtet, noch der ‚Herr' (adonaj!) zu sein. Er hat dann seine Funktion als ‚Gott' erfüllt, die Gattung ‚Gott' ist ein für alle Mal verschwunden. Der NAME ist nicht mehr für sich, sondern „alles in allem". (1. Korinther 15, 28)

Diese Stelle lässt sich so lesen, dass Gott am Ende doch die Macht für sich behält: „Wenn es aber heißt: alles wird entmachtet, so ist klar, dass gemeint ist: Außer Gott, denn Gott hat Christus alles übergeben." (1. Korinther 15, 27) Aber ich lese ‚alles in allem' als: der NAME hebt sich auf, er wird

14 Auch der Gott der Philosophen macht nicht den Eindruck, je etwas anderes als herrschendes Prinzip zu sein.

Menschheit: radikalste Inkarnation. Man könnte auch sagen: seine Macht wird demokratisiert.

Dann ist die Zeit angebrochen, in der auch der Mensch selber nicht mehr auf den fatalen Gedanken kommt, ‚wie Gott' sein zu wollen, sondern endlich Mensch geworden ist.[15]

---

15 Man könnte es, wenn es um den Gott er Bibel geht, auch umgekehrt sagen: werde wie der Gott, der kein Herr sein wollte. Ein niederländischer Dichter hat das ‚ganz andere' dieses Gottes treffend zur Sprache gebracht:

»Nur er allein würde mit einer großen Zigarre
im Mund durch die Straßen laufen dürfen
mit den Daumen in seinen Westentaschen
denn er ist Gott
Aber er tut es nicht
denn er ist Gott.« (J.B. Charles, Ein kleiner Psalm)

Die Treue des Sohnes

Wer das übliche Jesus-Bild vor Augen hat, das Bild eines sanftmütigen, weißen (!) Mannes[16], der keinem etwas zu Leide tut, wird nicht verstehen, warum dieser Gutmensch von den Römern hingerichtet werden musste. Musste! Denn so erklärte es Jesus selber, als Petrus im Namen seiner Jünger bekannte, er sei der Messias (der Gesalbte Gottes[17]) (Matthäus 16, 16): „Er müsse nach Jerusalem gehen und Vieles von Ältesten, Hohenpriestern und Toragelehrten erleiden und getötet werden." (Matthäus 16, 21) Er muss das, weil er, wie jeder Israelit, ein Sohn Gottes ist. Sohn jenes Gottes, der

16 Ein Bild, das der Idealgestalt eines weißen, europäischen Mannes verdächtig ähnlich sieht.

17 Salbung hat mit Königtum zu tun. Sie wird im biblischen Sprachgebrauch für den König Israels reserviert – mit der überraschenden Ausnahme Kyros, der persische König, der Israel aus dem Exil in das gelobte Land zurückgehen lässt. Zu bekennen, „Jesus ist der Messias", bedeutet: Jesus verkörpert das wahre Königtum, ein Königtum, das darin besteht, dienstbar zu sein.

sein Volk ermutigte gegen eine versklavende Gesellschaftsordnung aufzustehen. Die Sklavin Mirjam (griechisch: Maria) hebt daher, als sie hört, dass sie diesen Sohn gebären wird, mit einem Kampflied an: „Er hat Mächtige von den Thronen gestürzt und Erniedrigte erhöht." (Lukas 1,52)

Wie der Vater, so auch der Sohn. In dessen Geist traut der sich, es öffentlich auszusprechen:

> Die Geistkraft JHWHs ist auf mir, denn er hat mich gesalbt, den Armen frohe Botschaft zu bringen. Er hat mich gesandt, auszurufen: Freilassung den Gefangenen und den Blinden Augenlicht! Gesandt, um die Unterdrückten zu befreien, auszurufen ein Gnadenjahr des JHWHs. (Lukas 4, 18-19; Lukas zitiert Jesaja 61, 1)

Was Jesus hier tut, ist die Revolution auszurufen. Denn, wie kann man diese Frohbotschaft anders hören, denn als Aufruf, alle Verhältnisse umzuwerfen, in denen der Mensch ein erniedrigtes, ein geknechtetes, ein verlassenes, ein verächtliches Wesen ist, wie Marx seinen Humanismus, durchaus biblisch, auf den Punkt brachte?

Nun muss man bei ‚Revolution' nicht gleich an Barrikaden und Schießen denken, kurzum an die Gewalt, mit der Revolutionen oft anfingen – und damit von Anfang an einen Schaden erlitten, den sie nicht mehr loswurden. Jesus lehrt seine Jünger nicht, wie eine Revolution ‚gemacht' (z.B. mit oder ohne Gewalt) wird (was nicht unbedingt falsch wäre), sondern ruft sie dazu auf die Revolution zu ‚demonstrieren':

> „Bei euch soll es nicht so sein" [wie bei denen, ‚die als Herrscher über die Völker gelten; die herrschen mit Gewalt über sie, und ihre Anführer missbrauchen ihre Amtsgewalt gegen sie']. Im Gegenteil: „Wer bei euch hoch angesehen und mächtig sein will, soll euch dienen, und wer an erster Stelle stehen will, soll allen wie ein Sklave zu Diensten stehen." (Markus 10, 42-44)

Hier geht es nicht darum, wie man die Macht erobert, sondern wie die Macht ausgeübt werden wird. Was natürlich auch Folgen hat für die Mittel, die dazu dienen können und welche nicht. Revolutionär ist nicht zuerst der Umsturz, sondern die Lebensweise, die ‚bei euch [Jüngerinnen und Jünger, Gemeinde] herrschen' soll.

Die Verkündigung dieser ebenso beispielhaften wie beispiellosen Revolution der Lebensweise war der etablierten Ordnung schon zu gefährlich, als dass sie sie einfach auf sich hätte beruhen lassen können. Bei einer Revolution, die sich mit Gewalt durchzusetzen versucht, wissen die Herrscher, was zu tun ist: mit rücksichtsloser Gewalt zurückschlagen. Mit dieser Revolution, würde man denken, ist das schwieriger, denn was haben Jesus und seine Jünger nun eigentlich getan – außer alternativ zu leben? Es spielt offenbar keine

Rolle, kaputtgemacht werden muss dieser Versuch trotzdem. Und so geschieht es auch. Eine große Koalition von Kirche (Sanhedrin) und Staat (der römische Prokurator Pontius Pilatus) macht sich auf, Jesus aus dem Verkehr zu ziehen, um ihn als einen aufsässigen Sklaven hinzurichten – in aller Öffentlichkeit, hängend an einem Schandpfahl (dem Kreuz[18]), damit kein Sklave auf die Idee kommt, ihm nachzufolgen. Und nicht verschwiegen werden darf, dass die Masse, die sich von Jesus begeistern ließ, ihn, als es hart auf hart kommt, fallen lässt („Kreuzige ihn!" – Lukas 23,21) und einer seiner Jünger ihn verrät, ein anderer ihn verleugnet und alle ihn in der Stunde der Verzweiflung im Stich lassen.[19] Am Ende seines Weges, der das Volk in die Freiheit führen sollte, ist der Sohn ein erniedrigtes, ein geknechtetes, ein verlassenes, ein verächtliches Wesen, einsam und verlassen – nicht zuletzt auch von seinem Vater, der doch seinem Sohn (seinem Volk: ‚mein Sohn, mein Erstgeborener ist Israel [Exodus 4, 22]) einmal zugesprochen hat: Ich bin JHWH, dein Gott.

Doch gerade von diesem Sohn Israels haben Menschen sich dann getraut zu sagen: In ihm ist das Wort der Befreiung aus der Sklaverei Fleisch geworden, verkörpert. Wie oft hat das

18 Das Kreuz, das dann selber zum Symbol der Gewalt wurde.

19 ‘Alle seine Bekannten standen von ferne, auch die Frauen, die ihm zusammen von Galil gefolgt waren, sahen das.‘ (Lukas 23, 49). ‚Zitiert‘ wird Psalm 38, 12: ‚Meine Lieben, meine Genossen, fernab stehen sie von meinem Leiden, meine Nächsten, stehen in der Ferne.‘ Sie können nichts anders mehr als ‚von ferne‘ zuschauen, wie Jesus am Kreuz zugrunde geht.

Volk, das dieser Sohn sein sollte, seinen Gott verlassen, hat nicht getan, was es versprochen hatte zu tun? („Alles, was JHWH gesprochen hat, wir tun es", Exodus 24, 7) Wie oft war der Gott, der der Vater dieses Sohnes sein wollte, selber einsam und verlassen? Sollte es je einen Sohn geben, der ihm entsprach, Mensch in seinem Bilde? Auf diese bange Frage ist er die Antwort: Credo! Wir glauben es.

Dieser Sohn ist aber nicht der über allen Zweifel erhabene Glaubensheld. Ihm ist die Versuchung, wenn es darauf ankam, seinem Vater nicht die Treue zu halten, nicht fremd geblieben. Als er kurz vor seiner Verhaftung betet: „Vater[20], wenn du willst, lass diesen Becher an mir vorübergehen!" (Lukas 22, 42) wird direkt darauf erzählt: „Da kam er in Todesangst und betete anhaltender. Sein Schweiß wurde wie Blutstropfen, die zur Erde fallen." (Lukas 22, 44[21]) Und wir würden es uns zu leicht machen, wenn wir für diese Versuchung kein Verständnis hätten. Ist es nicht das Schicksal von Revolutionären zu leiden, verraten und hingerichtet zu werden? Liegt es da nicht auf der Hand, sich letztendlich doch aus der Affäre zu ziehen, sich allenfalls in die ‚innere Emigration' zu begeben und die Revolution die Revolution sein zu lassen? Aber gerade als Jesus klargeworden ist, ein Rufender in der Wüste zu sein, mit einer Gemeinde, die schläft (wie sei-

20 Warum die BigS (Bibel in gerechter Sprache) statt ‚Vater' ‚Gott' übersetzt, ist mir rätselhaft. Soll der Sohn nicht zu seinem Vater beten?
21 Dieser Satz fehlt in der BigS. Eine Fußnote erklärt das.

ne Jünger, Matthäus 26, 40), betet er: „Doch nicht mein, sondern dein Wille soll geschehen." (Lukas 22, 42)

Es ist der Wille des Vaters, dass der Sohn mit seinem Volk verbunden bleibt, auch wenn dieses seinerseits von der Verbundenheit mit ihm (mit dem Sohn wie mit dem Vater) nichts wissen will. So hat er es ja selber getan: die Untreue des Volkes, das partout beweisen wollte, dass es nicht ‚sein Sohn' ist, beantwortet er mit seiner beharrlichen Treue. Es ist die Aufgabe des Sohnes, der Welt diese Treue des Vaters, diese grenzenlose Solidarität[22] zu demonstrieren, damit diese weiß, eine solche grenzenlose Solidarität ist keine Utopie, die in unserer irdischen Wirklichkeit ‚keinen Ort' hat.

Jesus tut den Willen des Vaters. Er bleibt solidarisch bis zum tödlichen Ende. Er widersteht dem Ruf: „Er rette sich selbst, wenn er der Messias Gottes ist, der Auserwählte" (Lukas 23, 35). Stattdessen betet er:

„Vater, vergib ihnen, denn sie wissen nicht, was sie tun" Lukas 23, 34). Und sein letztes Wort ist: „Vater, in deine Hände befehle ich meinen Geist!" (Lukas 23, 46). Widerstand und Ergebung (Bonhoeffer). Der Sohn, der im Geiste des Vaters handelte und daran jetzt stirbt, gibt seinen Geist dem Vater zu-

---

22 Das ‚grenzenlos' sprengt den Begriff der Solidarität als ‚Interessengemeinschaft', die auf Gegenseitigkeit beruht. Ist diese nicht mehr gegeben, dann hört die Verpflichtung zur Solidarität auf. Die Solidarität von diesem Gott mit seinem Volk ist aber an solcher Gegenseitigkeit nicht gebunden, sie ist eben: grenzenlos. Und so soll es auch zwischen Menschen sein.

rück, damit dieser Geist Menschen inspiriert eine Gemeinde zu werden, die demonstriert: eine solidarische Menschengemeinschaft ist möglich!

Das Seufzen des Geistes

Geist klingt nach Höherem: Geisteskultur, Geisteswissenschaften. Der Begriff verbindet sich mit Exzellenz, mit den ausgezeichneten Leistungen von hochbegabten Menschen. Nicht so der heilige Geist. Der zeichnet sich darin aus, mit der Kreatur zu seufzen, die in ihrer Bedrängnis verzweifelt darauf hofft, aus der Sklaverei erlöst zu werden – wenn sie noch hofft. Denn ihre Lage ist eher hoffnungslos. Die ganze bisherige Geschichte ist ja eine Geschichte von Befreiungskämpfen, die verloren gingen. Das Gespenst des Kommunismus stellte sich heraus ein Schreckgespenst zu sein. Und wir, die uns trauten ‚trotz alledem' bei der Hoffnung zu bleiben, wir müssen zugeben: der Mut geht uns aus, wir haben keine Kraft mehr, ergeben uns unserer Ohnmacht. Ja, die Kreatur seufzt und wir seufzen mit ihr, aber was soll es? In einer ähnlichen Situation schrieb Paulus der Gemeinde zu Rom:

> In unserer Ohnmacht steht uns die Geistkraft bei, wenn wir keine Kraft mehr haben, so zu beten, wie es nötig wäre. Die Geistkraft selbst tritt für uns ein mit wortlosem Seufzen. (Römer 8, 26)

Merkwürdig, der Geist löst die Bedrängnis nicht, inspiriert nicht dazu, die Revolution auszurufen, als ob es genügte, diese zu wollen, um sie auch mit Erfolg zu machen. Nein, der Geist hört nicht auf zu seufzen, wie das Volk der Hebräer seufzte ‚aus der Sklaverei', ‚wortlos, nur noch ‚Schrei'. Jedoch, dieser Schrei, dieses Seufzen kann verstummen. Nur noch Sprachlosigkeit, nur noch schweigendes Hinnehmen. Die Kraft des Geistes besteht darin, uns zu bestärken: Seufze, höre nicht auf zu seufzen! Und wenn wir nicht mehr können, seufzt er an unserer Stelle. Das mag sich alles mythisch anhören für einen, der meint, wir Menschen sind einsam und allein dem Schicksal überlassen. Die messianische Gemeinde aber hat sich getraut zu beten: Veni creator spiritus, ‚Komm, Schöpfer Geist!'. Dieser Geist führt nicht nach oben, in die Sphäre der Kulturgüter – wir dürfen nicht vergessen: „Es ist niemals ein Dokument der Kultur, ohne zugleich ein solches der Barbarei zu sein" (Benjamin)[23] –, er bleibt unten, bleibt verbunden mit dem Seufzen der bedrängten Kreatur.

23 Wer zum Beispiel eine gotische Kathedrale (oder eine Pyramide!) bewundert (und sie sind auch bewundernswert), soll immer Benjamins Kritik der Kulturgüter bedenken: „Es dankt sein Dasein nicht nur der Mühe der

Es muss dieser Geist gewesen sein, der Karl Marx dazu inspirierte, die Religion, trotz allem, was dafür sprach, nicht einfach als Instrument in der Hand der Herrschenden abzutun.

> Marx' Kritik der Hegelschen Rechtsphilosophie. Einleitung, aus der im Folgenden zitiert wird, ist eine ausgesprochen biblische Kritik der Religion. Denn was ist biblischer als: „Die Kritik des Himmels [der Götter] verwandelt sich [...] in die Kritik der Erde"? So bewegt sich der kritische Geist: Er fängt oben an (als Ideologiekritik) und führt nach unten, auf die Erde, um dort alle Verhältnisse umzuwerfen, in denen der Mensch verachtet und geknechtet wird.

Marx hat die Religion als Bewegung von unten verstanden: Ausdruck des Elendes und die Protestation dagegen. Er zitierte (sinngemäß) Paulus: „Die Religion ist der Seufzer der bedrängten Kreatur". (Römer 8, 22: „Wir wissen, dass alle Kreatur seufzt und hat mit uns Wehen bis jetzt."[24]). Er konstatierte aber auch, wie diese Religion von unten zu einem Instrument

---

großen Genien, die es geschaffen haben, sondern auch der namenlosen Fron ihrer Zeitgenossen."

24 Die BigS übersetzt ktisis statt mit ‚Kreatur' mit ‚Schöpfung'. Marx aber wird ja wohl auf die Luther-Übersetzung angespielt haben, die ‚Kreatur' übersetzt.

der Herrschenden oben werden konnte. Das geschah, als dieser Seufzer mit dem Versprechen eines „illusorischen Glücks“ abgespeist wurde, die Religion degradiert zum „Opium des Volkes“. Dagegen setzte er „die Forderung, einen Zustand aufzugeben, der der Illusion bedarf“. Die Selbstverständlichkeit, womit die Kirche tatsächlich die ‚Verdammten dieser Erde’ auf ein Wolkenkuckucksheim verwies, und sie mit ihrem ‚Eiapopeia vom Himmel’ vertröstete, brachte Marx dazu, diese Pervertierung der biblischen Religion für das ‚Wesen der Religion’ zu halten.

Es ist aber fraglich, ob ‚Religion‘ überhaupt auf den Begriff bringt, worum es in der Bibel geht. Wenn das ‚Wesen der Religion‘ sein soll, ein Gespür zu haben für ‚etwas‘, das über das hinausgeht, was Menschen begreifen können, dann mag das eine durchaus reale Dimension der menschlichen Kondition sein (und wenn es stimmt wären alle Menschen religiös), dann ist die Bibel ein irreligiöses Buch. Denn der Anfang aller biblischen Weisheit ist nicht ‚etwas‘, sondern ein Wort: „Am Anfang schuf Gott [und wer anders ist dieser Gott als der NAME, der aus der Sklaverei erlöst?] Himmel und Erde.“ (Genesis 1, 1) Und auch weiter widerspricht die Bibel dem, was in der ‚Religion‘ geläufig ist: Das Heil ist nicht in einem Jenseits zu suchen, es macht ‚Gott‘ nicht groß auf Kosten des Menschen, es glaubt nicht, das Schicksal sei ‚Gott‘, und es glaubt nicht, Unterwerfung sei die höchste Tugend. Kurzum, das Verhältnis der Bibel zur ‚Religion' ist hauptsächlich Negation.[25]

Marx' Religionskritik war aber nur der logische Reflex dessen, was Kirche und Theologie als ‚Religion' verkündeten. Sein Blick für die nicht-religiöse Religion der Bibel und der messianischen Gemeinde war dadurch logischerweise verstellt. Das Seufzen der bedrängten Kreatur wird vom Geist der Bibel nicht überhöht und übertönt, sondern verstärkt – solange bis es unüberhörbar wird. Dieser Geist ist ein Geist der Hoffnung, nicht auf ein Jenseits, sondern darauf, dass die bedrängte Kreatur im Diesseits ihrer Befreiung entgegengeht. Es ist der Geist, der auf Jesus herabsteigt (von oben nach unten!), nicht um ihn in den Himmel aufsteigen zu lassen, sondern um ihn „in die Wüste zu treiben" (Mk. 1, 10-12).[26]

In die Wüste, wo Israel, aus der Sklaverei befreit, permanent in Versuchung ist, den Weg ins gelobte Land aufzugeben und den Weg zurück einzuschlagen – weil das Elend zu

25 Das heißt nicht: die Religionen seien generell zu disqualifizieren. Vielmehr ist auch ihnen gegenüber zu fragen, wie sie sich zu dem, was ‚Religion' heißt, verhalten. Nicht auszuschließen ist, dass die eine oder andere biblischer ist als die Religionswissenschaft wahrhaben will.

26 Die 'Himmelfahrt' ist keine Aufforderung das Heil in einem Jenseits zu suchen. Im Gegenteil, den Jüngern wird geboten „nicht zum Himmel zu blicken", denn „Wie ihr ihn zum Himmel gehen gesehen habt, so wird er kommen." (Apostelgeschichte 1, 11) Es führt kein Weg weg von der Erde: der Messias kommt. Auf die Erde und nirgendwo anders hin!

schwer wiegt, um die Protestation durchzuhalten. Dieser Geist führt nicht auf die Höhen der Kultur, er bewegt sich in den Niederungen, wo die bedrängte Kreatur sich befindet, um mit ihr solidarisch zu sein. Dort ist er eine Kraft, die Kraft der Schwachen. Wie Paulus es gehört hat: „Lass dir meine Gnade genug sein. Gerade in den Schwachen lebt meine volle Kraft." (2. Korinther 12, 9)

Woanders ist er nicht anzutreffen. Von ihm inspiriert, kann die bedrängte Kreatur sich mit ihrem Schicksal nicht abfinden, bleibt dabei, auf ihre Befreiung zu hoffen, auf die Revolution, die sie endlich aufatmen lässt: free at last! In diesem Geist kann, ja muss man sagen: „Der heilige Geist ist der Creator Spiritus, der große Revolutionär." (Ragaz).

Christus als Gemeinde existierend

Gott und Glauben gehören zuhauf." (Luther) Luther hatte recht. Der Gott der Bibel will nicht Gott sein ohne Menschen, die ihm glauben, dass eine andere Welt als die momentan real existierende tatsächlich möglich ist. Gott an sich gibt es biblisch gesprochen nicht, genauso wenig wie es den Menschen an sich gibt. „Aber das menschliche Wesen ist kein dem einzelnen Individuum innewohnendes Abstraktum", sondern „das Ensemble der gesellschaftlichen Verhältnisse". Das schrieb Marx in seinen Thesen über Feuerbach, nicht damit die Menschen sich einfach den herrschenden Verhältnissen beugen sollten – wer könnte gegen diese ankommen; das Individuum sicherlich nicht –, sondern im Blick auf ein ‚menschliches Wesen', das mächtig genug war, „alle Verhältnisse umzuwerfen, in denen der Mensch ein erniedrigtes, ein geknechtetes, ein verlassenes, ein verächtliches Wesen ist". Dieses menschliche Wesen war für Marx das organisierte Proletariat. Auch die Bibel kennt ein solches menschliches Wesen: das Sklavenvolk Israel, das aus der Sklaverei befreit, vom Befreier-Gott dazu ermächtigt wird, gesellschaftliche Verhältnisse zu schaffen, in denen es keine Armen mehr geben darf (Deuteronomium15, 4).

> Dass im selben Deuteronomium kurz danach (15, 11) steht: „Die Armut wird nicht aus der Mitte des Landes verschwinden", ist oft als Argument gegen das Projekt einer Gesellschaft ohne Arme eingesetzt. Das sei eine Utopie, an die man sich lieber nicht wagen sollte. Es zeugte von einem Übermut, gegen den Gott schon beim Turmbau von Babel eingetreten war – so Papst Johannes Paul II in einer Ansprache im gerade befreiten Nicaragua. Überhört wird dann der Kontext, nämlich die Mahnung, die gleich folgt: „Öffne deine Hand weit für deine Geschwister, für die Armen und die Besitzlosen", das heißt: Solange es noch Arme gibt, gilt das Gebot, sie aus ihrer Armut zu erheben. Was nie ‚verschwindet', ist die Option für die Armen.

Das „Gott und Glauben gehören zuhauf" ist nur wahr, solange es nicht, wie der Zeitgeist es für selbstverständlich hält, individualistisch missverstanden wird. Zuhauf gehören Gott und Gesellschaft. Ja, er ist selber bis in sein tiefstes Wesen sozial: Er ist Vater, Sohn und heiliger Geist, und wenn es sein muss (und es muss sein, will Gott nicht nur eine ‚Männerphantasie' bleiben), Mutter, Tochter und die Geistkraft einer gemeinsamen Bewegung von Männern und Frauen und aller anderen, die sich in der Ordnung der Geschlechter nicht mitgemeint fühlen. Mit dieser ‚Sozialität' wendet Gott sich gegen gesellschaftliche Verhältnisse, in denen gilt: jede(r) für sich, ein Ensemble von Ich-AGs.

Also: Gott und Gesellschaft gehören zuhauf. Wo aber ist diese Gesellschaft im Geiste dieses Gottes zu finden? Die Bibel kommt nicht umhin, die Geschichte des real existierenden Israels, des befreiten Sklavenvolkes, als eine Geschichte von permanent enttäuschten Erwartungen zu erzählen. Die Perspektive des Gelobten Landes löst sich auf ins Elend des Exils, worin die Möglichkeit einer anderen Welt nur noch Utopie (griechisch: Nicht-Ort) ist, eine Welt, für die es in dieser Welt keinen Ort gibt. Dass Gott und Gesellschaft zuhauf gehören, bedeutet: Gott braucht für sein Projekt der Befreiung ein diese Befreiung praktizierendes revolutionäres Subjekt, ein wirklich menschliches Wesen, das sich dazu berufen weiß, der Utopie in dieser Welt einen Ort zu verschaffen. Wie würde Gott mit Marx seine Hoffnung auf das Proletariat gesetzt haben! Wie er vorher seine Hoffnung auf Israel gesetzt hat und später auf die Bauern in der Zeit der Reformation. Und dabei das Risiko einging zu scheitern – wie Israel scheiterte und das Proletariat und die Bauern, die sich schließlich mit dem kargen Trost abfinden mussten: Die Enkel fechten's besser aus.

Die Bibel aber wagt es zu verkünden, dass Gott sich nicht abfindet, sich nicht damit abfinden kann, dass einmal vielleicht die Enkel es besser machen. Denn er steht und fällt mit dem Projekt, das er mit Israel begonnen hat. So wie er ‚am Anfang', lateinisch: in principio, also: im Prinzip, grundsätzlich das ‚Weltall' aus dem Nichts des ‚alles ist umsonst' geschaffen hat, so schafft er aus dem Nichts einer gescheiterten Geschichte auf einmal, unerwartet (und doch erwartet) ein neues Subjekt, ‚ein menschliches Wesen', das sozial bleibt, auch wenn es ihn das Leben kostet und er am Ende nur noch ein Häufchen Elend ist, das nichts anderes mehr kann als in seiner Verzweiflung zu schreien: „Mein Gott, mein Gott, warum hast du mich verlassen." (Psalm 22, 2)[27]

> Das ‚Am Anfang' ist keine Zeitangabe. Es chronologisch aufzufassen ist ein fundamentalistisches Missverständnis. Es ist der Anfang der Großen Erzählung der Bibel, das, was als erstes erzählt werden muss: Die Welt ist kein Tohuwabohu, nicht dem Nichts preisgegeben, sondern aus dem Nichts befreit (creatio ex nihilo). Der Gott der Bibel ist kein Ur-Heber, sondern ein Interventionist, ein Eingreifender.

27 Psalm 22 ist ein Gebet. Wer so schreit ‚Mein Gott, mein Gott, warum hast du mich verlassen?', hat aber seinerseits Gott nicht aufgegeben. Wer betet, bleibt dabei: Gott kann nicht für immer verstummen. Und sein Gebet soll gleichsam Gott zum Reden zwingen.

Dass Gott und Gesellschaft sich tatsächlich miteinander verbünden ist keine Utopie, sondern Gott hat in diesem Menschen seinen Ort gefunden. Wer sich das sagen lässt, kann nicht mehr behaupten: „Ich kenne den Menschen[28] nicht." (Matthäus 26, 72.74) Und wer es trotzdem behauptet, ist ein Verräter ...

> ... wie Petrus, der Jünger, von dem Jesus gesagt hat: Du bist Petrus (übersetzt: Fels), und auf diesen Felsen werde ich meine Gemeinde bauen. (Matthäus 16, 18) Gerade er, der, wie die römisch-katholische Kirche behauptet, der erste Bischof von Rom wurde, also der Vorläufer des Papstes, war ein solcher Verräter. Wie es auch unter seinen Nachfolgern Verräter (wir nennen keine Namen) gab. Eine Tatsache, die in keiner Kirchengeschichte fehlen darf. Wenn auch damit das letzte Wort über Petrus und also auch über seine Nachfolger nicht gesprochen ist. Petrus war es auch, der als Erster der Jünger Jesu, bekannt hat: „Du [Jesus] bist der Messias, der Sohn Gottes, der Lebendigen." (Matthäus 16, 16) Es gibt in der successio apostolorum nicht nur Verräter, sondern, zum Beispiel auch einen Franziskus, der es sich traute zu sagen: Diese [kapitalistische] Wirtschaft tötet.

28 Die BigS übersetzt ‚den Mann'. Nun war Jesus ein Mann, aber im Griechischen steht unübersehbar anthropos (Mensch).

Die Frage, ob es diesen Menschen je geben wird, ist keine offene Frage mehr. Die Frage ist dann, ob dieser Mensch, wenn er kommt (und er ist gekommen!), auch Glauben finden wird (Lukas 18, 8), Mitmenschen, die bereit sind, ihm nachzufolgen. Denn auch er ist, wie sein Gott, von dieser Nachfolge abhängig. Bonhoeffer hat es auf den Begriff gebracht: Christus existiert als Gemeinde. Er beginnt seinen Weg damit, Weggenossen zu suchen, Jünger, um sie das ‚Dasein für andere' (wie Bonhoeffer das Leben Jesu charakterisierte) zu lehren. Er inspiriert sie dazu, ´Menschen des Weges" (Apostelgeschichte 9, 2)[29], des Weges, den dieser Mensch gegangen ist, zu gehen. Menschen, die das Dasein für andere entsprechend organisieren, in einer Kommunität, in der alle alles gemeinsam haben, um so zu demonstrieren, dass eine andere Gesellschaft tatsächlich möglich ist. Und es könnte sein, dass diese Demonstration einen ‚kairos' (den günstigen Zeitpunkt für Veränderung) auslöst. Wie das Buch der Apostelgeschichte (besser: die Praxis der Apostel) erzählt: „Das Volk sprach lobend über sie. Immer mehr kamen dazu, die Jesus, der Macht über sie gewonnen hatte, glaubten, scharenweise Männer und auch Frauen." (Apostelgeschichte 5, 13-14)

29 Die BigS übersetzt ‚hodos' mit ‚Richtung'. Aber ‚Weg' passt besser, weil die Gemeinde, wie Israel, einen Weg geht, aus der Sklaverei, durch die Wüste in das Gelobte Land.

„Männer und auch Frauen". Dass das so ausdrücklich erwähnt wird, deutet darauf hin, dass auch Frauen glaubten, die Gemeinde sei die Erfüllung ihrer Utopie einer Gesellschaft ohne Herrschaft. Gleichberechtigt waren sie auch dort noch lange nicht. Zwar ist einmal (Römer 16, 7) von einer Apostelin die Rede, weiterhin haben aber die Apostel das Sagen. Und hat Paulus, der Verkünder der messianischen Gleichheit – „Da ist nicht jüdisch noch griechisch, da ist nicht versklavt noch frei, da ist nicht männlich und weiblich" (Galater 3, 28) –, nicht auch geboten: „Die Frauen sollen in den Gemeindeversammlungen schweigen." (1. Korinther 14, 33-34)? Sogar ihm fällt es schwer, eine Gesellschaft ohne Herrschaft voll und ganz zu akzeptieren. Auch in der Gemeinde bleibt einiges zu wünschen übrig. Damals und heute.

Maria: eine rote Fahne, kein Heiligenschein

Die protestantischen Kirchen haben mit Maria wenig anfangen können.

Aber jede Regel hat mindestens eine Ausnahme. Die Ausnahme ist Martin Luther in seiner Schrift über das Magnifikat (1521).[30] Er liest das Magnifikat („Meinc Seele macht groß den NAMEN ...", Lukas 1, 46-55) sozialkritisch. Maria singt das Lob des NAMENs, weil er „aus dem, das nichts, gering, verachtet, elend [alles soziale Kategorien] tot ist, etwas, etwas Köstliches, Ehrenvolles, Seliges und Lebendiges macht." Gott sieht Maria deshalb an, weil sie „niedrig

30 Diesen Hinweis auf Luthers Auslegung des Magnificat verdanke ich meinem Freund Thomas Klein.

und nichts“ gewesen ist, Kind von „verachteten, geringen Eltern“. Dass „etliche“ aus der sozialen Kategorie ‚Niedrigkeit‘ der Maria „Demut‘, also eine psychologische Kategorie gemacht haben, ist, sagt Luther, „gar weit von der Wahrheit“. Es ist nicht das Verdienst der Maria, dass Gott sie aus ihrem Elend erhebt, sondern er tut es, weil sie elend ist: sola gratia! Deshalb bedeutet Maria wegen ihrer Demut zu verehren: „einen Abgott aus ihr machen“, wie die römisch-katholische Kirche das tut.

Es geht im Magnifikat auch um Politik, besonders im Vers 52: „Er hat abgesetzt die Gewaltigen von ihren Stühlen.“ Luther unterscheidet da zwischen den ‚Stühlen‘ (der Staat) und den ‚Gewaltigen‘ (die Regierenden). Maria singt nicht: die Stühle werden zerbrochen, sondern: die Gewaltigen werden abgesetzt. Denn: „solange die Welt steht, muss Obrigkeit, Regiment, Gewalt und die Stühle bleiben.“ Die Untertanen haben sich der Obrigkeit zu unterwerfen, auch wenn diese unrechtmäßig handelt. Das erklärt, warum Luther sich 1525 gegen die aufständischen Bauern kehrt – auch wenn er findet, dass ihnen Unrecht angetan wird. Aber die Fürsten (auch der Fürst, dem Luther seine Auslegung des Magnifikat zueignet) haben zu bedenken: „Wo ein Herr und Obrigkeit nicht sein Volk lieb hat und das lasset seine Sorge allein sein, wie nicht er selbst gute Tage habe, sondern sein Volk durch ihn Besserung empfange, so ist’s schon aus mit ihm und führt seiner Obrigkeit Stand nur zu seiner Seele Verderben." Luthers ‚sei Untertan der Obrigkeit' schließt eine scharfe Fürstenkritik nicht aus! Das hat die lutherische – und nicht nur die lutherische – Kirche geflissentlich übersehen.

Ein Grund dafür, dass die protestantischen Kirchen mit Maria wenig anfangen konnten, war wohl, dass ihnen die römisch-katholische Marienverehrung zuwider war. Aber die Konsequenz war, dass die protestantischen Kirchen mitsamt ihrer Theologie noch mehr eine reine Männersache wurden, als sie es ohnehin schon waren. Alles spielte sich ab zwischen dem Vater und dem Sohn und dem ‚natürlich' männlichen Geistlichen. Dass das Letzte auch in der römisch-katholischen Kirche der Fall war (und anders als in den protestantischen Kirchen bis jetzt), macht klar, dass ihr Marienkult die Kultivierung eines Frauenbildes ist, in welchem die Frau ihren Platz findet: unter dem Mann, als seine gehorsame Ehefrau, Mutter seiner Kinder. Der Kult bestand darin, dass sie als Mutter Gottes verehrt wurde, die gleichwohl die Berufung der Frau, Mutter zu sein, über jeden kritischen Zweifel erhob.

Zu wenig realisieren wir, dass die Befreiungsbewegung, von der die Bibel erzählt, als reine Männergeschichte wohl kaum messianisch abgelaufen wäre. Vertreter dieser Männergeschichte ist Josef, der Verlobte der Maria, Sohn „aus dem Hause Davids" (Lukas 1, 27). Er repräsentiert eine Tradition (2. Samuel 17), die beginnt mit der Verheißung an David, dass ein Davidssohn kommen wird, der Israel endgültig aus der Sklaverei erlösen wird, der wahre König, der Messias. Diese Hoffnung aber wurde immer wieder enttäuscht.

> Interessanterweise kennt auch hier die Regel eine Ausnahme, eben Josef, ein Gerechter (tsaddik), der seine schwangere Frau nicht öffentlich bloßstellt (Matthäus 1, 19), sondern tut, was ihm um Gotteswillen geboten wird: „er nahm seine Frau zu sich" (Matthäus 1, 24). Auch über die Männer ist das letzte Wort noch nicht gesprochen.

Die Geschichte der Söhne Davids ist zum Verzweifeln. Wird es immer so weiter gehen?

Und dann wird diese traurig stimmende Männergeschichte unterbrochen, indem der Gott der Verheißung einen Neuanfang macht – mit einer Frau, die außerdem noch nicht mal aus dem Haus Davids stammt! Gerade sie bekommt zu hören:

> Du hast Gnade gefunden bei Gott. Und siehe, du wirst schwanger werden und einen Sohn gebären und du wirst ihm den Namen Jesus [der NAME befreit] geben. Dieser wird groß sein und Sohn des Höchsten genannt werden. Der NAME[31] [er ist] Gott wird ihm den Thron Davids, sei-

31 Griechisch kyrios, die Umschreibung des unaussprechlichen JHWH, deshalb übersetze ich kyrios mit NAMEN

> nes Vaters, geben und er wird König sein über das Haus Jakobs für immer und ewig und seine Herrschaft wird kein Ende nehmen. (Lukas 1, 30-33)

Zweifellos hat Maria bis dahin gedacht, dass die Geschichte nun mal eine ist, die von Männern gemacht wird. Auch sie konnte sich nicht vorstellen, dass die Geistkraft des Befreier-Gottes weht, wohin sie will. Maria fragt sich:

> Wie soll dies geschehen, da ich von keinem Mann weiß? (Lukas 1, 35)

Auch sie muss daran erinnert werden, dass die Tatsache, dass es Israel überhaupt noch gibt, ein Wunder ist – eine Geschichte deshalb von ‚wunderbaren Geburten' (Sara, Rachel, Hanna und Marias Verwandte Elisabeth). Denn wie der Bote[32] der Guten Nachricht sagt:

---

32 Aus diesem Boten ist ein Engel gemacht worden, obwohl das griechische angelos ‚nur' Bote bedeutet. So wurde aus dem Boten ein ‚höh'res Wesen', das dieser Bote überhaupt nicht sein muss. Ich stelle es mir so vor: Es kommt jemand (es kann auch eine Frau gewesen sein) auf Maria zu, der/die ihr sagt: weißt du, wir warten schon lange auf den Messias und denken dabei an einen neuen Mann, einen König z.B., der uns befreit. Aber wer sagt uns, dass es keine Frau ist, dazu noch eine Sklavin, wie du zum Beispiel? Diese Botschaft inspiriert Maria dazu zu sagen: Es soll geschehen, wie du mir gesagt hast!

> Alle Dinge sind möglich bei Gott. (Lukas 1, 37)

Nachdem sie das gehört hat, wird Maria aktiv:

> Siehe! Ich bin die Sklavin des NAMENS. Es soll geschehen, wie du mir gesagt hast. (Lukas 1, 38)

Maria gibt hier nicht, wie zu oft gedacht wurde (wurde?), das Bild einer Frau ab, die sich fügt in das, was ihr als Frau nun einmal zugedacht ist. Sie engagiert sich: Ja, so wie es mir gesagt wurde, wird es auch geschehen! Nach deinem Wort und was kann dieses Wort anderes sein als das Wort, das Erniedrigte aus dem Elend erlöst, die Verdammten dieser Erde aufwachen lässt. Und sie ergreift das Wort und beginnt zu singen, ein Kampflied:

> Meine Seele lobt den NAMEN,
> mein Geist jubelt über Gott, der mich gerettet hat.
> Er hat auf die Erniedrigung seiner Sklavin geschaut.
> Seht, von nun an werden mich alle Geschlechter[33] glücklich preisen,
> denn Großes hat die göttliche Macht an mir getan,
> und heilig ist sein Name.

33 BigS: alle Generationen

Sein Erbarmen schenkt er von Geschlecht zu Geschlecht
denen,
die Ehrfurcht vor ihm haben.
Er hat Gewaltiges bewirkt.
Mit seinem Arm hat er die auseinander getrieben,
die ihr Herz darauf gerichtet haben,
sich über andere zu erheben.
Er hat Mächtige von den Thronen gestürzt und
Erniedrigte erhöht.
Hungernde hat er mit Gutem gefüllt
und Reiche leer weggeschickt.
Er hat sich Israels, seines Sohnes, angenommen
und sich an seine Barmherzigkeit erinnert,
wie er es unseren Vätern zugesagt hatte,
Abraham und seinen Nachkommen für alle Zeit.
(Lukas 1, 46-55)

Wie anders wäre unsere Geschichte verlaufen, wenn Maria dem, was der Befreier-Gott ihr zumutet, nicht zugestimmt hätte. Nicht das große Wort gesprochen hätte: Mir soll geschehen nach deinem Wort. Die Geschichtsbücher erzählen die ruhmreichen Taten großer Männer. Eine (zu) oft deprimierende Geschichte. Das Evangelium vom Kommen des Messias beginnt bei Lukas mit der Geschichte dieser Frau und ihrem Kampflied. Deshalb können wir sagen (hoffen!): Gottseidank sind es letztendlich nicht nur Männer, die Geschichte machen. Und der Messias ist nicht nur der Sohn des Vaters, sondern auch der Sohn dieser Mutter, die es sich getraut hat, eine Militante zu sein, die ausruft: Basta! So kann es nicht weiter gehen! Diese Frau trägt eher eine rote Fahne als einen Heiligenschein.

Die römisch-katholische Kirche hat aus dieser militanten, aufständischen Frau eine Madonna gemacht, die uns in rührender Weise daran erinnert, dass der Messias auch eine Mutter hatte. Oft wird sie mit einem Lächeln abgebildet. Was soll das bedeuten? Ist es das Lächeln einer glücklichen Mutter? Oder sehen wir das verschmitzte Lächeln einer Frau, die ein Geheimnis mit sich trägt? Will sie mit ihrem Lächeln vielleicht sagen: ich bin nicht die Madonna, wie ihr sie euch vorstellt. Ich bin nicht der Inbegriff aller von Männern auf Frauen projizierten Weiblichkeit. Höre doch das Lied, das ich gesungen habe. Und singt es mit.

Die Sünde wegtragen

KIRCHE UND THEOLOGIE haben den Menschen lange darauf festgelegt ein Sünder und nichts als ein Sünder zu sein. Sünden konnten zwar vergeben werden – obwohl, es gab auch Todsünden –, aber Vergebung setzte einen gebeugten Gang voraus. Priester bildeten eine Art Obrigkeit Gottes, vor denen man in die Knie gehen musste, bevor man das absolvo te (ich vergebe dir) empfangen konnte. Viele haben deshalb mit Kirche und Theologie abgeschlossen und die Philosophie der Aufklärung als Befreiung erfahren, die von einem negativen Menschenbild nichts mehr wissen wollte und einforderte, dass sich der Mensch als autonomes Wesen von der „Kriecherei des Verkrümmten“ (Kant) zum aufrechten Gang erhebe.

Man lernte zudem auch, sündhaft sei vor allem die Sexualität. Genuss war sowieso eine bedenkliche Angelegenheit, von der ein Christ sich lieber fernhalten sollte. Freude an seinem Körper zu haben, war etwas, was man nur still und heimlich, wenn überhaupt, genießen konnte.

Für Nietzsche war diese Freudlosigkeit ein Grund entschieden kein Christ zu sein: „ Bessere Lieder müssten sie mir singen, dass ich an ihren Erlöser glauben lerne: erlöster müssten mir seine Jünger aussehen!" (Anmerkung?)

Im Credo steht die Vergebung der Sünde aber nicht erst am Schluss, nachdem den Menschen eingebläut worden war, dass sie nichts als Sünder waren, sondern gleich am Anfang: Wir glauben nicht an die Sünden, sondern daran, dass sie vergeben werden. Das Glaubensbekenntnis atmet Befreiung! Das aus der Knechtschaft hinausgeführte Volk ist zwar in die Irre gegangen, aber es bekommt aufs Neue die Chance, den Weg in die Freiheit zu gehen.

Dabei sind Sünden nicht die kleinen, die Privatsünden (etwa Sex `n Drugs `n Rock & Roll) – als sei Gott zu kleinlich, um darüber hinwegsehen zu können. Sie sind politischer Art: sich der Logik der verkehrten Welt anzupassen, mit dem Strom zu schwimmen, anstatt in die Opposition zu gehen, obwohl – wer gehört hat, aus der verkehrten Welt hinausgeführt zu sein –, es besser wissen müsste.

Beispielhaft finden wir die (unauflösliche) Verbindung von Vergebung, Neuanfang und Politik im Darmstädter Wort „zum politischen Weg unseres [deutschen] Volkes" (1947). Zwar ist nicht wortwörtlich von Vergebung der Sünde die Rede, sondern von Versöhnung, was aber in diesem Zu-

> sammenhang nichts anderes bedeutet als: dass wir uns von unserer Schuld freisprechen lassen, also Vergebung empfangen. Stichwort ist: „Wir sind in die Irre gegangen". Und als Irrweg benannt werden politische Sünden: dass das Recht auf Revolution verneint wurde und unterlassen wurde „die Sache der Armen und Entrechteten gemäß dem Evangelium von Gottes kommendem Reich zur Sache der Christenheit zu machen".

Dass die Sünde kein Makel ist, von dem wir nie mehr loskommen, sondern dass ein Neuanfang immer wieder möglich ist, bedeutet auch, dass es in der Welt, in der wir leben müssen, keine aussichtslosen Situationen gibt. Die Welt mag so verkehrt – man könnte auch sagen: sündig – sein, wie sie es faktisch ist, die Perspektive ist und bleibt: Vergebung. Nicht vergeblich bekennen wir in die Irre gegangen zu sein, denn Gott kann es nicht übers Herz bringen, uns endgültig fallen zu lassen. Es geht dabei nicht um so etwas wie ‚billige Gnade'[34]. Vergebung ist kein Ruhekissen, sondern eine Chance! Eine Chance, umzukehren[35] und es besser auszufechten (wir sollten das lieber nicht den Enkeln überlassen; dann könnte es schon zu spät sein).

34 „Billige Gnade heißt [...] Gnade ohne Preis, ohne Kosten. [...] ist Predigt der Vergebung ohne Busse [...]. Gnade ohne Nachfolge." (Bonhoeffer)
35 Das Judentum hat klarer als das Christentum gewusst: Umkehr ist immer möglich.

Im Wort ‚vergeben' liegt der Nachdruck auf der Befreiung, die Menschen widerfährt: Gott rechnet dir die Sünden nicht mehr zu, du bist frei. Aber es gibt auch ein anderes Wort, das zum Ausdruck bringt, was mit den Sünden getan wird: sie werden weggetragen. Da ist es jedoch nicht Gott, sondern der Mensch, der die Sünden wegträgt – vielleicht musste man es noch stärker sagen: wegschafft! Es ist Johannes der Täufer, der auf Jesus zeigt mit den Worten: „Da! Das Lamm Gottes, das die Sünden der Welt wegschafft." (Johannes 1, 29) Es gilt wieder: wie der Vater, so der Sohn. Wie der Vater Menschen die Sünden vergibt, so schafft der Sohn die Sünden aus der Welt weg. Und wie der Sohn, so das Volk, wozu dieser Sohn gehört, die Menschen, die Gott entsprechen dürfen (in seinem Bilde geschaffen [Genesis 1, 26]). Dazu ist der Mensch befreit: die Sünden aus der Welt zu schaffen, damit aus einer verkehrten Welt eine Welt wird, in der „Gerechtigkeit und Frieden [beachte die Reihenfolge: erst Gerechtigkeit, dann Frieden] einander küssen". (Psalm 85, 11): die Welt ganz anders!

Vergebung hat auch eine explizit ökonomische Dimension, damit unmissverständlich klar ist, was konkret aus der Welt weggeschafft werden soll: die Schulden, die Menschen in die Knechtschaft führen, aus welchen sie dann nicht mehr herausfinden. Erst im übertragenen Sinn bezieht es sich auf das, was Menschen einander schuldig geblieben sind: Empathie, Treue, Solidarität, kurzum: Mitmenschlichkeit. Vergebung heißt: Schuldenerlass.

Darin besteht auch der Unterschied zwischen dem Gott der Bibel und dem Götzen Kapital. Der Gott der Bibel kann es nicht ertragen, dass Menschen in ihrer Schuld festgesetzt werden. Er erlässt die Schulden und setzt die Schuldner in die Freiheit. Der Götze Kapital dagegen erlässt Schulden nie und wenn doch, äußerst widerwillig und nur ausnahmsweise, wenn die Schulden sowieso nicht mehr einzutreiben sind, anstatt strukturell, wie der reguläre Schuldenerlass in Leviticus 25[36], der eine Verschuldungsakkumulation per Gesetz unterbindet.

Dass Schulden vor allem mit Ökonomie zu tun haben und Vergebung der Schuld deshalb mit Politik, haben wir erst wieder lernen müssen, gewöhnt wie wir waren, Schuld moralisch oder religiös[37] zu verstehen. Wenn hier schon von Moral gesprochen werden kann, dann lautet sie: aus der Welt zu schaffen, was Menschen daran hindert, Mensch zu werden. Mache es wie Gott: Er vergibt die Schulden und lädt dazu ein, ihm nachzufolgen.

Wenn wir bekennen, dass wir an die Vergebung der Sünde glauben, dann drücken wir damit die Hoffnung aus, dass es wahr werden wird: dass die Sünde aus der Welt geschafft

---

36 Das Jobeljahr, worauf eine allgemeine Freilassung ausgerufen wird (Leviticus 25, 19), mit der Begründung: „Nicht werde das [Produktionsmittel] Land für immer verkauft, denn mein [JHWH] ist das Land." (Leviticus 25, 23)
37 Bezeichnend ist die Mitteilung im Wörterbuch zum Neuen Testament von Walter Bauer im Lemma aphièmi (vergeben bzw. erlassen): „im A u. NT überwiegend im religiösen Sinn v.d. göttlichen Vergebung."

ist. Perfektum, die Welt vollendet. In der Zwischenzeit ist uns geboten, soweit es uns möglich ist, eine Welt zu organisieren, die diesem Perfektum, zumindest ein wenig, ähnlich sieht.

Auferstanden mit Leib und Seele

Wir Menschen sind ‚Fleisch'. Weil es in der Bibel zuerst um jene Menschen geht, die sich an der Unterseite der Gesellschaft befinden, dazu verdammt, geknechtet zu werden, immer die Zeche bezahlen zu müssen, die die herrschende Ordnung für sie aufmacht, bedeutet ‚Fleisch' eine prekäre Existenz, aus der befreit zu werden ihre einzige Hoffnung ist. Diese Hoffnung drückt sich im Credo aus als ‚Auferstehung des Fleisches'. Es geht nicht um die Abschaffung des ‚Fleisches'. Das ist, was Nietzsche ‚Platonismus fürs Volk' nannte, die Verachtung des Materiellen, die das Volk davon überzeugen sollte, sich mit seinem Schicksal abzufinden. Auferstehung verheißt: die gequälte und geschundene Kreatur wird aufstehen, wird nicht länger gequält werden, sich ihre Schändung nicht länger gefallen lassen.

Die messianische Gemeinde hat diesen Aufstand mit dem Namen Jesus verbunden. In ihm wurde das Wort der Befreiung (‚Ich, der NAME, bin dein Gott, der dich aus dem Haus der Sklaverei hinausführt‘) Fleisch, d.h. er hat dieses Wort konkret gelebt. Bis zum bitteren Ende. Denn sein Aufstehen gegen die Mächte des Todes – die Allianz von Thron (Rom) und Altar (Jerusalem) – endete mit einer schrecklichen Niederlage. Er wurde mit Hilfe des Sanhedrins (des jüdischen Establishments) von der römischen Militärmacht hingerichtet – als der aufständische Sklave, der er auch tatsächlich gewesen war. Dabei war er weniger ein militanter Mensch (obwohl er durchaus militant auftreten konnte: er jagte die Händler aus dem Tempel) als vielmehr einer, der half, wo Hilfe nottat, die heilte, die krank und kaputt waren, und – nicht zu vergessen –, der denen, die im System der Ausbeutung gefangen waren, Befreiung verkündete. Aber gewaltbereiter militanter Mensch oder gewaltloser Aktivist, für die Vertreter der herrschenden Ordnung war es einerlei, ja, der gewaltlose Aktivist war eher noch gefährlicher, gerade weil er Gewalt nicht mit Gewalt beantwortete, sondern sich von der Gewalt nicht aus seinem Konzept einer friedfertigen Solidarität bringen ließ.

Dass dieser Mensch, der wahrhaft und wirklich der in der Schöpfungserzählung verheißene Mensch im Gleichnis Gottes war, der wahrhaft und wirklich Tora getan hat, für immer tot und begraben sein sollte, damit konnten seine Anhänger nicht leben. Sie ‚retteten‘ ihn, indem sie ihn aus seinem Grabe auferstehen ließen, bekannten: er ist auferstanden! Die messianischen Gemeinden waren sozusagen der Beweis: er ist nicht tot, er lebt! Er lebt: mit Leib und Seele – Auferstehung des Fleisches. Christus als Gemeinde existierend. Der Evangelist Lukas wusste es: kein Evangelium ohne die Praxis der Apostel! Dass aus der Geschichte der Kirche dann so oft eine Geschichte des Verrats des Evangeliums wurde, steht auf einem anderen Blatt. Ja, Jesus wird immer noch gekreuzigt und man könnte verzweifelt fragen: Ist er dann doch umsonst gestorben? Aber etwas in uns wehrt sich dagegen. Dieses ‚Etwas' könnte der Glaube sein.[38] Es ist der Glaube, dass, solange die Geschichte nicht zu Ende ist, Menschen immer wieder aufstehen werden, in der Sprache des messianistischen Walter Benjamin: „als die rächende Klasse, die das Werk der Befreiung im Namen von Generationen Geschlagener zu Ende führt."

Im Buch des Propheten Ezechiel gibt es eine Vision, in der der Prophet „schaut", wie das darniederliegende Volk, nur noch ein Haufen „Knochen", wieder auflebt, indem die Knochen mit Fleisch „überzogen" werden, eine wahre Fleischwerdung des Wortes Gottes, das gleich darauf erklingt:

---

38 Könnte. Es kann auch ein ‚Etwas' sein, das nicht mehr ist als das vage Gefühl: Es muss doch mehr geben als ein allzu aufgeklärtes Denken für möglich hält; ein Unbehagen in der neoliberalen Unkultur. Dieses ‚Etwas' wird kaum dazu motivieren, sich zu wehren. Wahrscheinlicher ist, dass es dazu beiträgt, sich mit der Welt, wie sie nun einmal ist, abzufinden. Sie ist nun einmal so, wie sie (leider) ist.

> Seht hin, ich bin dabei, eure Gräber zu öffnen, und lasse euch aus euren Gräbern heraufsteigen als mein Volk. Ich bringe euch ins Land Israel. Ihr werdet erkennen, dass ich JHWH bin, weil ich eure Gräber geöffnet habe und euch aus euren Gräbern habe heraufsteigen lassen als mein Volk. Ich gebe meine Geistkraft in euch, dass ihr lebendig werdet. (Ezechiel 37, 12-14)

Diese Vision wird in den apostolischen Schriften (dem sogenannten Neuen Testament) nicht oder nur außerhalb ihres Zusammenhangs zitiert. Ihnen ging es wohl vor allem darum, diesen einen und einzigen Menschen, der Tora getan hat, aus dem Tode aufstehen zu lassen. Sie sind verständlicherweise auf ihn fixiert. Die Gefahr ist aber, dass dieser Mensch aus dem Zusammenhang seines Volkes gerissen wird, gegen sein Volk gewendet wird: Neues gegen Altes Testament, Christentum gegen Judentum, Kirche gegen Synagoge, Glaube gegen Werke.

Deshalb muss die Vision Ezechiels mitgedacht werden, wenn von der Auferstehung des Fleisches die Rede ist. In Jesus konzentriert sich das Projekt Israel, er verkörpert in seiner Person das politische Programm einer Gesellschaft ohne Herrschaft, aus ihm spricht der Geist des Protests gegen die verkehrte Welt, er ist mit Leib und Seele mit diesem Projekt verbunden.

Das letzte Wort: Leben, für immer und ewig

DAS LETZTE WORT IM CREDO LAUTET: Leben! Damit ist gemeint: das gute Leben, das gut zu leben ist (buen vivir). Das Leben, das kein Leben ist – für die Mehrheit der Menschen Alltag –, ist nicht, womit wir uns nun einmal abzufinden haben. Nach dem Motto: ‚Zählt die Glücksmomente, die es auch gibt, und seid zufrieden!' Wir haben es anders gehört. Unzufriedenheit ist geboten, die in einem Protest gegen die verkehrte Welt praktisch wird.

Schwierig ist zu verstehen, dass es sich hier um ‚ewiges' Leben handeln soll. Denn wir haben gelernt, unter ‚ewig' Unsterblichkeit zu verstehen, einen Zustand, der sich erst nach unserem Tode, im ‚Jenseits' einstellt. Aus dem Blick gerät dann, dass es biblisch gesprochen darum geht, dass der jetzige Zustand sich ändert, geändert wird. Wie ein niederländisches Kirchenlied sagt: ‚Das Auge hoch, das Herz nach oben, denn auf Erden unten ist es nicht.' Da fehlt ein Wörtchen, wovon alles abhängt: noch! Auf Erden unten ist es noch nicht. Es wird aber auf Erden unten und nirgendwo anders sein!

Das hebräische Wort olam und das griechische Wort aion, beides gewöhnlich mit ‚ewig' oder ‚Ewigkeit' übersetzt, beziehen sich auf einen Zeitraum (einen Äon), entweder den, in dem wir leben, oder den, der, so hoffen wir, kommt. Das Judentum unterscheidet zwischen olam-ha-ze und olam-haba, dieser Zeit und der Zeit, die kommt. In der kommenden Zeit wird das (gute!) Leben ‚ewig' sein, aber das heißt nicht: außerhalb der Zeit, sondern: von Dauer sein. Die Zeit, in der wir noch leben müssen, geht von Krise zu Krise, auf Hochkonjunktur folgt immer wieder eine Tiefkonjunktur, in der die Menschen an der Unterseite der Gesellschaft die Zeche bezahlen müssen. Von ihnen werden dann die Opfer verlangt, die die Oberen nicht bringen müssen. In der Zeit, die kommt, wird es damit zu Ende sein, für immer und ewig. Die Bibel verwendet für diese Verheißung gerne das Wort Ruhe:

> JHWH, euer Gott, lässt euch aufatmen und schafft euch Ruhe. (Josua 1, 13)

Die Menschen, um die es in der Bibel geht, wollen vor allem ihre Ruhe haben, wollen endlich in Ruhe leben können. Wenn sie von der Politik etwas erwarten, dann, dass sie diese Ruhe gewährleistet:

> Betet [...] besonders für Könige und alle, die in leitenden Positionen sind, damit wir ein ruhiges Leben ohne Aufsehen führen können. (1. Timotheus 2, 2)

Aber sie mussten immer wieder erfahren, dass die Politik ihnen diese Ruhe nicht gegönnt hat, dass, wie es in der Sprache der Bibel heißt, der neue König aufs Neue „das in den Augen JHWHs Böse tat". (1. Buch der Könige 15, 26 usw.)

> Es gibt auch Könige, die „das in den Augen JHWHs Richtige tun". (1. Buch der Könige 15, 11) Die Geschichte der Politik ist keine kontinuierliche Verfallsgeschichte. Es gibt dann und wann tatsächlich so etwas wie eine richtige Politik, die im Interesse der Unteren ist, nicht zuletzt, weil die Unteren die Oberen unter Druck setzen. Deshalb sollen die Unteren sich für Politik interessieren, denn: die Politik interessiert sich sowieso für sie. Sie werden zweifellos immer wieder enttäuscht werden. Aber die Hoffnung bleibt: eine richtige Politik ist möglich – wenn sie die Hoffnung nicht aufgeben.

Die hier gemeinte Ruhe hat nichts mit kleinbürgerlicher Geruhsamkeit zu tun (trautes Heim, Glück allein). Zwar ist die faschistoide Sehnsucht nach einem vivere pericolosamente (gefährlich zu leben) diesen Menschen fremd, aber ‚in Ruhe leben' heißt: leben in einer Gesellschaft, wo der Mensch seinem Mitmenschen ein Genosse/eine Genossin ist und nicht länger eine gefährliche Konkurrentin oder ein gnadenloser Ausbeuter.

Aber gilt für alle, dass das letzte Wort lautet: Leben? Wir hören auch von einem letzten Gericht, das für einen Teil der Menschheit bedeutet, dass sie in das ‚ewige', also immer dauernde Feuer geschickt werden (Matthäus 25, 41).

> Matthäus folgend: Das endlose Feuer ist bestimmt „für den Teufel und die, die ihm dienen". Die Hölle ist für den Teufel bestimmt, ihm zu dienen ist nicht die Bestimmung des Menschen. Es ist die schreckliche Konsequenz ihrer unmenschlichen Praxis: den Hungrigen nicht zu essen zu geben, den Durstigen nicht zu trinken, den Fremden [Migranten!] nicht aufzunehmen, den Nackten nicht zu kleiden, um den Kranken und [politischen] Gefangenen sich nicht zu kümmern. (Matthäus 25, 42-43) Die Hölle ist die Bestimmung des Unmenschen.

Auch dieses letzte Gericht gehört zur Verheißung der kommenden Zeit: Da wird rechtlosen Menschen endlich Recht getan. Sie dürfen hoffen, dass ihre Unterdrücker nicht ohne Strafe davonkommen – wie sie in der jetzigen Zeit immer wieder davonkamen.

Doch bleibt ein Unbehagen: sollte die Zeit, die kommt, der jetzigen insofern ähnlich sein, dass Menschen endgültig abgeschrieben werden? Der großartige Film von Fellini, Novecento (1900), endet mit einem letzten Gericht. Der Großgrundbesitzer wird nach der Befreiung vom Faschismus durch ein Volkstribunal, also von den Menschen, die er unterdrückt und ausgebeutet hat, zum Tode verurteilt. Der Vorsitzender des Tribunals sagt dann: der Großgrundbesitzer wird sterben, der Mensch (er nennt seinen Namen) wird leben. Es ist also möglich: ein letztes Gericht, das letztendlich nicht tödlich ausgeht.

Heißt das nun, dass schließlich alle Menschen Brüder und Schwester sein werden, die einander liebhaben? Ist das nicht die Konsequenz des ‚Gott alles in allem': eine Allversöhnung? Aber jede Konsequenz führt zum Teufel. Zu behaupten: Die Opfer von Hitler und Himmler müssten Angst haben, ihren Peinigern nach dem letzten Gericht wieder zu begegnen, wäre teuflisch.

Nachwort

Wer das glaubt, wird selig. Trotzdem ist die Frage, ob wir das glauben können, insofern es um unseren Glauben geht, berechtigt. Nehmen wir den Mund nicht zu voll? Gewiss, aber der Grund des Credos ist nicht: ich glaube, sondern Gott, der NAME, der ICH-BIN, der uns sein Wort gegeben hat, in dieser so grundverkehrten Welt mit uns zu sein. Ja, das glauben wir, auch wenn davon nichts zu sehen ist. Das Credo ist ein Gebet: Wie lange noch, bis das, was wir glauben, wahr wird: Der Vater in der Tat so mächtig, dass er das Tohuwabohu, das Chaos, überwindet, der Sohn, dieser gekreuzigte Sklave, in der Tat auferstanden von den Toten, der Geist in der Tat ‚katholisch', das heißt allgemein geworden, die Sünde in der Tat aus der Welt geschafft, das gute Leben in der Tat für immer und ewig. Alle diese großen Worte in der Tat Fleisch geworden: Was im Himmel beschlossen war, auf Erden vollendet. Vorläufig aber leben wir in einer noch (!) nicht erlösten Welt und „stecken tiefer im Nein als im Ja". (Barth) Deshalb sollten wir lieber nicht allzu bejahend unseren Glauben bekennen. Bekennen wir unseren Unglauben! Also: Wir glauben nicht, dass die herrschende Weltordnung alternativlos ist. Wir glauben nicht an die Götter dieser Welt, an die Dreieinigkeit Gott-Kapital-Markt. Wir glauben nicht, dass der Mensch nach dem Bilde von Google, Facebook und Amazon der wahre Mensch ist. Wir glauben nicht an den Ungeist des ‚jeder für sich' und die Leute, die dabei unter die Räder geraten, können sehen, wo sie bleiben.

Wir bekennen unseren Unglauben und erinnern uns an ein Gotteswort, das uns in der bleiernsten Zeit trösten kann:

> Ich will in Israel 7000 übrig lassen: alle Knie, die sich nicht vor Baal gebeugt haben, und alle Münder, die ihn nicht geküsst haben. (1. Buch der Könige 19, 18)

Für unsere Zeit auf mehr zu hoffen, ist uns vielleicht nicht gegeben. Lasst uns also tun, was uns auch in unserer Zeit geboten bleibt: unseren Unglauben zu bekennen und so dem Gott der Befreiung die Treue zu halten!

Bibelstellenverzeichnis

Institut für Theologie und Politik

Das Institut für Theologie und Politik (ITP) ist unabhängig, aber parteilich. Befreiungstheologie ist unser Ansatzpunkt, um Gesellschaft zu begreifen, Herrschaftsverhältnisse in Frage zu stellen und solidarische Alternativen zu entwickeln; es arbeitet seit 1993. Neue Verhältnisse von unten her zu schaffen, braucht Reflexion, Organisation, Beratung und Begleitung. Wir wollen uns gemeinsam mit allen auf den Weg zu einer anderen Kirche und Gesellschaft machen, die dem Reich Gottes näher kommt, als das, was heute als alternativlos gilt.

Das ITP wird getragen von einem gemeinnützigen Förderverein. Dies bringt inhaltliche Unabhängigkeit, aber auch ökonomische Unsicherheit mit sich. Arbeit wird vor allem durch ehrenamtliches Engagement der MitarbeiterInnen geleistet. Finanziert wird das ITP vor allen Dingen durch Spenden. Weitere Informationen gibt es unter www.itpol.de